Série noire
au Crédit Lyonnais

Fabrizio Calvi
Jean-Michel Meurice

Série noire au Crédit Lyonnais

Albin Michel

22, rue Huyghens, 75014 Paris

ISBN : 2-226-10904-8

Crédit Lyonnais,
le pouvoir de dire oui

(Slogan publicitaire
de la banque publique)

Introduction

Petite histoire d'un tournage

L'idée naquit au printemps 1997. La chaîne publique Arte accepta de la placer en pépinière et de financer sa croissance[1]. Dès septembre, nous nous attelâmes à la fastidieuse élaboration de chronologies détaillées à partir de tout ce qui avait déjà été publié dans la presse ou les livres. Chronologie du Crédit Lyonnais en général mais aussi chronologies dossier par dossier – SDBO, MGM, IB.SA et bien d'autres sigles encore obscurs pour nous mais qui, progressivement, allaient perdre de leur mystère – puis par personnage. Des centaines de feuillets s'amoncelèrent ainsi, à partir desquels il devint possible d'élaborer un premier scénario.

A l'inverse d'autres chaînes de télévision généralistes, comme TF1 et France 2, elles aussi tentées par l'éluci-

1. Financement, précisons-le, qui ne doit donc rien à la production technique assumée par MK2TV, contrairement à ce qu'a cru pouvoir affirmer Bernard Tapie en expliquant qu'il s'agirait d'un coup monté par Marin Karmitz pour venir en aide à son ami Jean Peyrelevade, président de la banque publique, à la veille de la privatisation du Crédit Lyonnais. Le producteur n'a pas participé au financement de la série totalement assuré par Arte et le Centre national du cinéma. Il n'est jamais intervenu sur le contenu.

dation de l'énigme du Crédit Lyonnais, il nous est apparu que le dossier était impossible à traiter dans un format habituel de quatre-vingt-dix minutes. En construisant un récit quart d'heure par quart d'heure, c'est-à-dire en sélectionnant, de manière encore abstraite, des personnages et en établissant les blocs de questions à leur poser, nous arrivions à cinq heures d'émission.

Alors seulement commença la longue quête des témoins. Et, inévitablement, plus nos cases théoriques se remplissaient, plus le projet dérivait, se modifiait, s'éloignait du schéma initial pour épouser une autre géographie, celle de la vie, du réel. Plus nous multiplions les rencontres, plus nous mesurions l'aspect superficiel de ce qui avait été publié sous la contrainte de la hâte, voire de la précipitation. Après deux mois d'enquête nous sentîmes le sol se dérober sous nos pas et en vînmes à redouter l'enlisement et, pour tout dire, l'échec. Butinant de filiale en filiale, renvoyés de promoteurs immobiliers douteux en victimes avides d'en découdre, nous ne rassemblions que de sordides histoires de voleurs, bien insuffisantes pour expliquer la faillite de fait de la première banque européenne.

Elles sont rares, en France, les institutions qui permettent des enquêtes au long cours, sur un an et plus. Celle-ci a duré un an et demi. Rendons grâce à la chaîne culturelle et au service public d'accepter encore de tels risques et de consentir à adapter les formats de diffusion imposés par le marché aux sujets plutôt que l'inverse. Arte s'est montrée, sur ce projet, à la hauteur de sa vocation initiale et elle y a d'autant plus de mérite que ce dossier évoque les conditions d'acquisition de la FNAC par Pinault-Printemps-La Redoute, alors que la FNAC est l'un des rares sponsors de la chaîne européenne. Or, les pressions n'ont pas manqué, pendant le tournage, et elles ont été particulièrement vives, une fois la série réalisée, lorsqu'il s'est agi de la programmer. La chaîne culturelle a su résister, en bloc et en détail, du président aux maquettistes, des administrateurs aux équipes techniques. Merci. Attitude qui mérite également d'être saluée, l'actuel ministre de l'Economie et des Finances, Dominique Strauss-Kahn, n'a pas fait obstacle à la diffusion bien que le Crédit Lyonnais soit à la veille d'être privatisé.

Parce que nous prenions le temps d'insister, parce que nous manifestions concrètement notre volonté d'aller au cœur du sujet et de ne pas nous borner à son écume, petit à petit, les préventions sont tombées. Nous étions, il est vrai, servis par le calendrier. Trop d'accusations, à la fois vagues et sans nuances, avaient été portées, trop de protagonistes souhaitaient pouvoir s'expliquer, se justifier, pour que le dialogue entre eux et nous ne finisse pas par se nouer.

La première rencontre décisive fut celle de François Gille, directeur financier puis directeur général du Crédit Lyonnais pendant toutes ces années noires. Notre première interview filmée, portant sur l'ensemble du dossier, a duré... quatorze heures ! Nous ne savions pas si nous le reverrions, nous ne savions pas si d'autres témoins de cette importance accepteraient de s'exprimer devant une caméra, alors nous avons tenté d'exploiter au maximum cette occasion.

Car, dans ce type d'enquête, la caméra change tout. Il y a ceux qui acceptent de l'affronter et les autres, ceux qui parlent mais tiennent à demeurer dans l'ombre, ceux qui éclairent des pistes, évitent des impasses, vous regardent avancer avec sympathie en vous donnant de solides coups de pouce mais en refusant obstinément de témoigner eux-mêmes. Oui, nous avons bénéficié de quelques « gorges profondes »[1] de cette nature, et d'une en particulier, un ancien cadre du Lyonnais spécialisé dans la criminalité en cols blancs dont les réseaux personnels s'étendent, bien au-delà de la banque, aux douanes, dans la police et même au sein de la justice.

C'est lui qui nous a aidés à prendre conscience que le trou du Crédit Lyonnais ne relevait pas d'abord de pratiques malhonnêtes – même s'il y en eut d'importantes comme pour la MGM – mais, de manière beaucoup plus complexe, du jeu financier national et international. Dans les pertes de la banque publique se trouve, par exemple, l'effacement d'une partie de la dette polonaise. C'est lui aussi qui nous a fait pénétrer dans la structure du Crédit Lyonnais, nous a décodé les rouages et permis d'identifier les bons interlocuteurs. Ainsi, la catastrophe pouvait être le fait d'hommes travailleurs et honnêtes. Elle pouvait avoir été produite par le système lui-même. A partir de là, la hardiesse de l'un décidant l'autre, nous avons commencé à rencontrer les acteurs hors caméra. Chacun nous a donné quelques éléments. Dès lors, la théorie des dominos s'est révélée une fois de plus exacte : un témoignage en entraîne un autre, une précision de l'un provoque une précision de l'autre. Cette réalité de l'enquête se retrouve dans le produit fini. Le

1. Par référence au mystérieux informateur des enquêteurs du *Washington Post*, lors de l'affaire du Watergate qui aboutira à la démission du président Richard Nixon. Comme les rencontres avaient lieu dans un parking souterrain et qu'un film pornographique, alors à la mode, portait ce titre, il avait été surnommé « Gorge profonde ».

jeu du montage, de l'alternance des propos des uns et des autres, donne des événements une vision à la manière des peintres cubistes : les interlocuteurs ne se contredisent pas même s'ils peuvent pécher par omission, chacun apporte des éléments qui permettent de découvrir, peu à peu, la scène dans son ensemble.

Comme un leitmotiv, « Gorge profonde » nous répétait : « Si vous voulez faire un travail sérieux, ne vous intéressez pas aux affaires de moins de 300 millions » ; « Revenez au centre, ne vous laissez pas enliser dans les filiales. » De fait, la colonne vertébrale de notre récit se mettait en place à partir de deux témoins essentiels : François Gille déjà nommé et Jean-François Hénin, ancien patron d'Altus, structure financière spéculative de Thomson CSF reprise par le Crédit Lyonnais.

Aussi étrange que cela puisse paraître, cette enquête sur la série noire du Crédit Lyonnais se révélait plus difficile que l'exploration de la vie quotidienne de la Mafia. Dans ce dernier cas, l'auteur sait ce qu'il recherche, il est comme un archéologue face à une cité enfouie qui connaît les gestes techniques permettant de la faire resurgir. Nous étions, quant à nous, non seulement dans l'ignorance de ce que nous cherchions, mais encore en butte à des opérations d'intoxication, de manipulations pouvant aller, comme dans le dossier de la MGM, jusqu'à la transmission de faux documents. Sur chaque affaire nous nous trouvions face à deux versions. Il nous manquait des clés.

Nous avons une pensée particulière pour Jean-Louis Butsch, ancien secrétaire général de la Commission bancaire, organe de contrôle des établissements financiers au sein de la Banque de France. Il aura été le seul haut fonctionnaire en poste à accepter de parler officiellement. Grâce à lui, nous avons eu la révélation absolument inédite que des faux bilans avaient été établis par le Lyonnais avec l'accord et sous l'influence de la direction du Trésor et de la Banque de France. Or, de telles pratiques sont pénalement sanctionnables. Jean-Louis Butsch est mort quinze jours après avoir témoigné face à nos caméras. Jamais nous n'oublierons la panique qui s'est alors emparée de tous ces hauts fonctionnaires. Quarante-huit heures après, un des anciens responsables de la Banque de France qui s'était, jusqu'alors, montré inaccessible, nous contactait. Il acceptait de s'exprimer mais hors caméra et à condition que nous lui transmettions au préalable, par écrit, nos questions. L'entretien qui en résulta a frisé la caricature, ce responsable se bornant à nous lire, en réponse, la note préparée par la Commission bancaire. Il n'avait, au demeurant, plus guère le choix puisque le décès de Jean-Louis Butsch le plaçait en première ligne.

Afin de garantir la totale loyauté de notre démarche et de mettre en confiance nos interlocuteurs, nous leur avions promis, qu'une fois sélectionnés et montés, leurs propos leur seraient à nouveau soumis et qu'ils conserveraient donc un droit de remords[1]. De même, toutes les personnes mises en cause se sont vu proposer un droit de réponse. Arguant de cet argument, la famille de Jean-Louis Butsch a demandé à faire visionner les déclarations du défunt. Après avoir hésité, nous y avons consenti. Là

1. La révision des textes de leurs interventions a, de même, été proposée à tous les participants pour l'édition de cet ouvrage. Certains ont effectué quelques corrections de détail, rectifiant, pour l'essentiel, des chiffres ou des dates.

encore, nous ne sommes pas prêts d'oublier la scène qui en résulta.

Dans une salle en sous-sol de la Banque de France, le nouveau secrétaire général de la Commission bancaire et six de ses collaborateurs ont, dans un silence religieux, assisté à la projection de la cassette. Dès qu'un point litigieux était abordé, en particulier les faux bilans et le rachat de la banque privée de Jean-Maxime Lévêque, IBI, sur ordre politique, le silence de plomb était rompu par les crissements frénétiques et simultanés de sept plumes prenant précipitamment note des propos de Jean-Louis Butsch. Nous avions l'impression irréelle d'entendre un mort dicter aux vivants ce qu'ils devraient désormais déclarer. Un moment surréaliste. De fait, quelques jours plus tard, les studieux auditeurs étaient convoqués pour s'expliquer devant le juge d'instruction Zanotto.

Dans le même ordre d'idées, d'actuels responsables de la Banque de France ont accepté de nous recevoir, de nous faire lire des notes, mais ont refusé que nous en prenions photocopie. Quant à un autre très haut fonctionnaire qui a suivi tout le dossier, il nous a fait un numéro d'une virtuosité exceptionnelle. Pendant une demi-heure, en privé, il nous a démonté avec un rare brio et une exceptionnelle pertinence d'analyse l'ensemble du système qui a débouché sur un sinistre financier d'une ampleur inégalée. Puis, il a conclu : « Voilà ce que j'ai envie de dire, mais le devoir de réserve et mes fonctions m'interdisent de le faire. C'est pourquoi je ne participerai pas à vos émissions. »

Un autre protagoniste, d'une tout autre nature, nous a également fait faux bond. Il s'agit de Bernard Tapie. Bien sûr, lui aussi nous l'avons rencontré, après consultation avec ses avocats. Nombre des rendez-vous avec les témoins se sont déroulés dans de discrètes suites de grands hôtels ou dans de luxueux bars calmes et feutrés. Il devait en aller de même avec Tapie mais, à notre stupéfaction, il préféra s'installer au centre du hall du palace convenu où, d'une voix de stentor, il commença à baptiser de noms d'oiseaux l'actuel président du Crédit Lyonnais en saluant, au passage, telle ou telle connaissance d'un sonore : « Comment je vais ? Comme quelqu'un qui sort de prison et qui va y retourner. » Le flamboyant ancien dirigeant de l'Olympique de Marseille avait accepté de répondre à nos questions face à une caméra. Nous louons donc une suite au Lutétia, installons notre matériel, réglons les éclairages, et... recevons moins d'une heure avant le début des prises de vues l'annonce du désistement de Tapie, qui nous propose toutefois – toujours grand seigneur ! – de régler les frais engagés. Son retrait était dicté par la prudence et non le désintérêt. Bernard Tapie a toujours cherché à savoir ce que nous disaient nos interlocuteurs. Par le plus grand des hasards très certainement, son secrétaire particulier est, par exemple, descendu en Pologne dans le même hôtel que François Gille et a tenté d'obtenir de ce dernier confirmation qu'il nous aurait déclaré que « la mise en faillite de Tapie est un assassinat politique ». Manque de chance, l'ancien directeur financier du Crédit Lyonnais ne nous a jamais tenu un propos de cette nature.

Au total nous aurons interrogé plus de cent personnes, effectué plus de cinq cents heures d'entretiens dont une centaine ont été enregistrées face à une caméra. Le plus difficile à conduire face à la caméra, parmi tous ceux qui ont accepté de s'exprimer publiquement, fut certainement Jean-Yves Haberer, l'ancien président du Lyonnais qui rêvait d'implanter en France la pratique de la « banque-industrie » sur le modèle allemand. Il n'avait encore jamais parlé publiquement et avait jusqu'alors refusé toutes les demandes. Sauter le pas était pour lui un effort difficile. Il nous a très vite fait confiance, acceptant de nous voir aussi souvent que nous le souhaitions. Nous l'avons rencontré une fois par mois pendant neuf mois, avant de parvenir à le convaincre. C'est au tout dernier moment, alors que les six films étaient entièrement montés et terminés, que nous avons enfin pu le filmer.

Dans l'ombre, « Gorge profonde » insistait pour que nous nous polarisions sur les liens entre le Crédit Lyonnais et les fleurons du capitalisme français, les groupes de François Pinault, Bernard Arnault, Vincent Bolloré, Jean-Charles Naouri, des personnages qui ont tous construit leur fortune à partir du Crédit Lyonnais, en profitant d'abord des opérations financières permises par les inconséquentes gesticulations industrielles mitterrandiennes puis en doublant la mise avec la déconfiture de la banque publique. Des fortunes considérables se sont ainsi constituées en quelques années, légalement certes, même si du point de vue de la morale et de la démocratie il y aurait beaucoup à redire.

Si nous avons choisi de braquer le projecteur sur François Pinault, c'est parce que ce capitaine d'industrie nous a paru s'imposer comme figure emblématique. Il est, d'une part, le premier partenaire du Crédit Lyonnais dans l'opération des *junk bonds* (obligations à haut rendement) réalisée aux États-Unis, et, d'autre part, il est l'acteur essentiel du montage de la structure financière Artémis. L'histoire des *junk bonds* demeure, pour le Crédit Lyonnais, une véritable bombe à retardement. De même, pour l'immobilier, nous n'avons retenu qu'un exemple alors qu'une centaine d'illustrations possibles s'offraient à nous.

La série noire du Crédit Lyonnais illustre, en définitive, la nouvelle manière de réaliser des affaires apparue dans les années 80. L'ingénierie financière a pris le pas sur l'industrie de production. Les financiers se sont substitués aux industriels. Dans les années 60, les entrepreneurs tissaient des liens avec l'Etat comme avec le personnel politique et les partis. Aujourd'hui, avec la prédominance du financier et du spéculatif, s'est établi le règne de la violence, une violence sociale mais aussi individuelle. Comme n'hésite pas à le dire sans barguigner un ancien président du Crédit Lyonnais, Jean Deflassieux : « En affaires, il y a des morts d'argent. » Force est d'admettre, sur ce point, que si l'origine du suicide de Pierre Bérégovoy demeurera inconnue, le seul sinistre financier du Crédit Lyonnais et ce qu'il révèle pouvait donner à l'ancien syndicaliste de Gaz de France l'envie d'en finir. Comme ministre de l'Economie et des Finances puis comme Premier ministre, il aura, en effet, encouragé puis couvert politiquement la dérive de la banque publique.

Si dans le dossier du Crédit Lyonnais le coût social peut paraître marginal dans la mesure où les réductions d'effectifs auraient dû être effectuées de toute manière, nous avons aperçu, au cours de notre enquête, la face la plus sombre du capitalisme français : d'anciens policiers, souvent de rang élevé, utilisés comme agents d'influence ou de pression, transformés en véritables « chiens de garde ». Nous avons été saisis par une atmosphère pesante, par le comportement de témoins isolés, terrifiés par ce qu'ils savaient et craignant pour leur intégrité. Nous avons constaté, à l'occasion de cette plongée dans la République des affaires, que la République n'est plus intègre. Il faut le savoir. Au demeurant depuis la diffusion de la série, l'Inspection générale des finances s'est sentie contrainte d'enquêter sur les « gerbes de roses » négociées par un haut fonctionnaire – à 200 briques « la rose » ou plutôt le pot-de-vin.

Car la diffusion par Arte, une semaine durant, à l'heure de grande écoute, de *Série noire au Crédit Lyonnais* a été un événement non seulement pour les millions de téléspectateurs qui, chaque soir, ont suivi ce programme, mais surtout pour une élite technocratique et financière qui n'est guère habituée à voir son quotidien exposé publiquement. Dans nombre d'entreprises, des rediffusions ont été organisées le lendemain, à l'heure du déjeuner, autour de plateaux-repas. Même nos témoins en ont été remués. Certains d'entre eux, qui refusaient de se rencontrer et de se parler, se sont découverts par écran interposé et ont soudain noué le contact personnel qu'ils repoussaient jusqu'alors.

A vous, à présent, de découvrir ou de redécouvrir l'extraordinaire naufrage de celle qui fut naguère la plus grande banque européenne.

Les intervenants

Edmond ALPHANDÉRY
Ministre UDF de l'Economie et des Finances de 1993 à 1995
Président du conseil de surveillance de la CNP

Jean-Paul AMIEL
Directeur général adjoint du Crédit Lyonnais jusqu'en 1989, chargé du Réseau d'agences français, hors Ile-de-France, à la retraite

Jean ARTHUIS
Ministre UDF de l'Economie et des Finances de 1995 à 1997
Sénateur de la Mayenne

François D'AUBERT
Député UDF de la Mayenne, rapporteur de la commission d'enquête parlementaire sur le Crédit Lyonnais

Dominique BAZY
Membre du comité exécutif du Crédit Lyonnais de 1993 à 1995
Directeur général des AGF

Eric BLOT-LEFÈVRE
Directeur de la trésorerie du Crédit Lyonnais de 1992 à 1994
Trésorier de Thomson

Jacques Bonnet
Président de la première chambre de la Cour des comptes

Michel de Brem
Président-directeur général de la filiale française d'IB.SA de 1983 à 1992
Conseil en entreprise

Jean-Louis Butsch
Secrétaire général de la Commission bancaire de 1980 à 1993, décédé

Jean Deflassieux
Président du Crédit Lyonnais de 1981 à 1986, à la retraite

Loïc Deraison
Directeur général de Clinvest (filiale du Crédit Lyonnais) jusqu'en 1993, conseil en fusions-acquisitions

Pierre Despessailles
Directeur général de SDBO de 1969 à 1992, à la retraite

Henri Filho
Directeur général de Clinvest
Président du conseil de surveillance d'Adidas

Florio Fiorini
Homme d'affaires italien

André Gauron
Conseiller au cabinet du ministre socialiste des Finances, Pierre Bérégovoy
Conseiller à la Cour des comptes

François Gille
Directeur financier du Crédit Lyonnais de 1982 à 1992, puis directeur général du Crédit Lyonnais de 1992 à 1994, devenu avocat au barreau de Marseille

Jean-Yves Haberer
Ancien directeur du Trésor
Président du Crédit Lyonnais de 1988 à 1993, à la retraite

Jean-François Hénin
Directeur général d'Altus de 1990 à 1993
Président de la Société d'électricité et des eaux de Madagascar

Jean-Maxime Lévêque
Président du Crédit Lyonnais de 1986 à 1988
Président d'IBI Holding de 1983 à 1986 et de 1988 à 1991, à la retraite

Alain Madelin
Ministre UDF de l'Economie et des Finances en 1995
Président de Démocratie libérale

François Marland
Avocat, homme d'affaires

Alain Minc
Conseiller d'entreprise, notamment du groupe Pinault-Printemps-La Redoute

Claude-Eric Paquin
Directeur général d'Altus de 1993 à 1994
Conseiller d'entreprise

Giancarlo Parretti
Homme d'affaires italien

Jean Peyrelevade
Président du Crédit Lyonnais depuis 1993

André Rolland
Directeur des engagements du Crédit Lyonnais pour l'Ile-de-France, à la retraite

Michel ROUGER
Ancien président du tribunal de commerce de Paris
Président du CDR (Consortium de réalisation) de 1995 à 1997

Claude RUBINOWICZ
Cabinet de Pierre Bérégovoy
Direction générale du Crédit Lyonnais de 1990 à 1994
Conseil en entreprise

Michel SAPIN
Ministre socialiste de l'Economie et des Finances de 1992 à 1993
Président du conseil régional du Centre

Dominique STRAUSS-KAHN
Avocat
Ministre socialiste de l'Economie et des Finances depuis 1997

Bernard THIOLON
Directeur général du Crédit Lyonnais de 1985 à 1992, à la retraite

Franck ULLMANN
Homme d'affaires

Karel VAN MIERT
Commissaire européen à la Concurrence de 1993 à 1999

Chapitre 1

Arnaque à Hollywood

On sait que ce qu'on a appelé « le trou du Crédit Lyonnais », estimé aujourd'hui à 100 milliards de francs, est le résultat de causes nombreuses et complexes. On sait aussi que l'affaire de la MGM a coûté à elle seule 10 milliards de francs. On sait moins, en revanche, comment le Crédit Lyonnais, banque publique et première banque européenne, a été pris au piège d'une aussi grosse escroquerie. C'est en fait sa filiale hollandaise, le Crédit Lyonnais Bank Nederland, appelé aussi bien le CLBN[1], qui a joué un rôle crucial dans cette histoire. Elle commence au début des années 80, lorsque Jean Deflassieux, nouveau président du Crédit Lyonnais, découvre que cette filiale hollandaise fait du cinéma à Hollywood.

Jean DEFLASSIEUX, *président du Crédit Lyonnais de 1981 à 1986, à la retraite*: J'avais dit à mes garçons là-bas de faire très attention parce que les gens du cinéma sont séduisants. Ils sont intelligents, ils sont beaux, il y a toujours des nièces extraordinaires autour d'eux, n'est-ce pas... et ils dépensent l'argent des autres, vous compre-

1. Et présenté sous ce sigle dans la suite de l'ouvrage.

nez. Alors c'est merveilleux. Ils empruntent de l'argent pour fabriquer leurs films. Si ça marche, ça va. Si ça ne marche pas, ils attendent le suivant pour vous rembourser. C'est ça Hollywood. Ici c'est plus difficile, mais là-bas... Alors ces types séduisants, intelligents, cultivés, dans des décors de rêve, des meubles extraordinaires... méfiez-vous. Pas question de pactiser, faites votre boulot de banquiers. Un banquier a un cœur sec.

C'est l'histoire d'une double escroquerie, dans laquelle escrocs eux-mêmes et banquiers se sont fait prendre. Ancien parachutiste et grand joueur d'échecs – cœur sec, excellent banquier –, Georges Vigon est directeur du CLBN. C'est aussi un homme solitaire et secret. Il a tous pouvoirs sur les activités cinéma du groupe Crédit Lyonnais. Parmi ses clients, il y a Golan et Globus, deux producteurs de séries B. Leur société Cannon, malgré un prêt du CLBN de 50 millions de dollars, est en cessation de paiement. En mai 1987, au cours du Festival de Cannes, Globus présente aux dirigeants du CLBN un sauveur qui se dit prêt à reprendre Cannon. C'est Giancarlo Parretti. Ancien garçon de café reconverti dans les affaires, il contrôle une chaîne d'agences de voyages, une chaîne de journaux en Italie, une entreprise de promotion immobilière et bien d'autres.

Giancarlo PARRETTI, *homme d'affaires italien* : J'ai rencontré Vigon à Cannes, en mai 1988, je crois. Cannon était dans une situation de faillite. Moi, je réalisais de bonnes affaires en Espagne. Il m'a demandé si je voulais mettre 150 millions de dollars dans Cannon dont l'immobilier était important.

– Qu'est-ce qui vous intéresse dans Cannon : l'immobilier ou le cinéma ?
– Au départ, l'immobilier. Et aussi les salles de cinéma en Angleterre, en Hollande, en Italie, aux Etats-Unis.

Une fiche de renseignements met alors en garde les services du Crédit Lyonnais.

André ROLLAND, *directeur des engagements du Crédit Lyonnais pour l'Ile-de-France, à la retraite* : Ce document vient des renseignements commerciaux du Crédit Lyonnais. Il dit très clairement de ne pas traiter avec ce groupe. De ne pas traiter, de solder, ou en tous les cas de rester où nous sommes si on ne peut pas faire autrement, si on ne peut pas sortir. La première fois donc, j'ai informé ma direction centrale. J'ai eu l'impression de ne pas être tout à fait compris.

En effet, malgré les avertissements, le CLBN prête 300 millions de dollars à Parretti pour le rachat de Cannon. C'est le début d'un engrenage car Cannon est en pertes et, trois mois plus tard, le CLBN doit rajouter 100 millions de dollars à la mise première. François Gille est alors directeur financier au Crédit Lyonnais, qu'il représente, par ailleurs, au sein du conseil d'administration du CLBN.

François GILLE, *directeur financier du Crédit Lyonnais de 1982 à 1992, puis directeur général du Crédit Lyonnais de 1992 à 1994, devenu avocat au barreau de Marseille* : Normalement, les procédures sont les suivantes : pour chaque filiale bancaire du groupe, le patron de la filiale bancaire ou de l'agence a un plafond certainement en deçà de 100 millions de dollars. J'ai souvenir de plafonds de l'ordre de 50 ou 100 millions de francs. Au-delà, les affaires, les financements doivent remonter à un comité, le comité des affaires internationales, et dans certains cas le dossier doit continuer de remonter à un comité des opérations qui est présidé par le directeur général ou par le président. Donc, il y a des procédures. Ce qui semble s'être passé, c'est que ces procédures n'ont pas joué pour le cinéma, le cinéma CLBN. Donc on s'est trouvé hors procédures d'approbation préalable.

Le CLBN finance alors un autre groupe, contrôlé par Florio Fiorini. Fiorini est l'ancien directeur financier des pétroles italiens. Très puissant, son groupe s'appelle Sasea, il contrôle une centaine de sociétés (banques, agences de voyages, compagnies d'assurance, sociétés de promotion immobilière). A l'insu des banques, Fiorini s'est associé à Giancarlo Parretti pour créer un empire audiovisuel. Première étape en 1988 : le rachat de Pathé-Cinéma.

Florio FIORINI, *homme d'affaires italien* : Parretti se proclamait l'un des jeunes lions qui, à un certain moment, ont pris le contrôle du parti socialiste derrière Bettino Craxi. Que je sache, il est surtout proche de Gianni de Michelis. Il n'avait, à mon avis, pas d'autres liens dans le parti socialiste. Même si, quand je l'ai rencontré, il se promenait avec une carte de visite de « représentant du parti socialiste italien en France ». Que je sache, il parlait uniquement avec Gianni de Michelis, ministre des

Affaires étrangères du gouvernement de Bettino Craxi. Parretti voulait créer une chaîne européenne avec Berlusconi, Warner et tous ceux-là. C'était là, l'opération française. Nous étions les plus grands propriétaires de salles en Angleterre, les plus grands propriétaires de salles en Hollande. En Italie, Berlusconi était le plus grand propriétaire. Il y a un projet élaboré par une banque d'affaires anglaise, Carneggi, où pratiquement on prévoyait que Pathé Cinéma devienne la holding de toutes les salles européennes.

– Donc, si je vous suis bien, l'idée était de reprendre Pathé, une société saine, cotée en Bourse, de l'adosser à Cannon, une société qui n'allait pas très bien, et puis de démanteler un petit peu. Comme ça, vous faisiez une bonne affaire ?

– Oui et non. Nous souhaitions amener les actifs de Cannon à Pathé Cinéma, puis vendre le tout. Comme cela, on avait de l'argent pour rembourser les dettes de Cannon. C'était la première idée.

Giancarlo PARRETTI : On voulait faire une grande « major » européenne. L'Europe n'a jamais compté dans le cinéma. Je croyais que c'était une grande occasion pour associer la fantaisie européenne et la technique américaine.

Les projets de Parretti, son passé, les bizarreries de l'affaire Pathé inquiètent bien évidemment la profession des producteurs de cinéma. Ils inquiètent aussi un élu, François d'Aubert, député UDF de la Mayenne, qui s'active beaucoup pour donner l'alerte.

François d'AUBERT, *député UDF de la Mayenne, rapporteur de la commission d'enquête parlementaire sur le Crédit Lyonnais* : J'ai téléphoné à André Gauron, je crois, qui s'occupait du dossier au cabinet du ministre des Finances [1]. J'en ai parlé à Trichet qui était directeur du Trésor et qui avait la tutelle sur le Crédit Lyonnais. C'était un sujet assez public à l'époque, et moi, je passais pour un fou.

Ce qui n'empêche pas le CLBN de prêter encore à Parretti 480 millions de dollars pour l'achat de Pathé Cinéma. Le prêt passe, en fait, par un intermédiaire. Cannon change de nom et devient Pathé Communication Corporation, PCC. Parretti doit alors presque un milliard de dollars au CLBN. Juin 1990, coup de théâtre : Pierre Bérégovoy invoque l'ordre public et fait annuler la vente de Pathé.

Jean-Yves HABERER, *ancien directeur du Trésor, président du Crédit Lyonnais de 1988 à 1993, à la retraite* : Lorsque Bérégovoy interdit à Parretti de prendre le contrôle de Pathé Cinéma, je saute sur mon téléphone en lui disant : « Monsieur le ministre d'Etat, j'apprends par la presse que vous venez de prendre cette décision. C'est très grave, c'est un client de CLBN, avez-vous quelque chose contre lui ? » Il me répond : « Mon cher ami, j'aurais eu quelque chose, je vous aurais averti d'abord, mais non, mon dossier est complètement vide. »

Rien n'arrête Parretti qui continue de plus belle. Toujours associé à Fiorini, il vise maintenant l'un des plus

1. Il s'agissait alors de Pierre Bérégovoy.

mythiques studios de Hollywood, la Metro Goldwyn Mayer, la MGM.

Florio FIORINI : Je me rappelle : nous étions à l'hôtel Eden à Rome, dans une salle, c'est là qu'on a commencé à me parler pour la première fois, en septembre ou octobre 1989, de MGM. Et je me rappelle que Terry Selm (Time Warner) a dit : « On ne risque rien en achetant MGM, c'est comme acheter de l'or, parce qu'il y a les films. Maintenant, avec la télévision à haute définition, on revendra les films. » Nous avons commencé à étudier cette affaire.

MGM c'est essentiellement un fabuleux catalogue de films, estimé à 1 milliard de dollars, mais il y a aussi environ 500 millions de dollars de dettes, ce qui diminue d'autant la valeur de la société. Pourtant, la mise à prix annoncée par son propriétaire, Kerkorian, est de 1 milliard 200 millions de dollars : plus de deux fois la valeur réelle.

Florio FIORINI : Nous achetions MGM. Nous donnions la distribution des produits MGM futurs et passés à la Warner moyennant une commission. Il me semble que c'était 12 % ou quelque chose comme ça. Warner nous avançait sur la « librairie » (la vente des catalogues) 600 millions de dollars fermes, plus 200 millions.

– Pourquoi la Warner s'adresse-t-elle à vous, homme d'affaires européen, pour reprendre une société américaine ?

– Parce qu'elle ne pouvait pas agir à ce moment-là. Les « majors » ne pouvaient pas se manger entre elles, à cause de la législation antitrust. Il n'y avait pas de possibilité juridique.

La Warner promet à Parretti et Fiorini 600 millions de dollars pour les droits américains et les droits vidéo du catalogue MGM. Reste à Parretti et Fiorini à trouver la même somme sur les droits restants. En mars 1990, ils annoncent officiellement l'OPA[1] sur MGM.
Un mois plus tôt, le 12 février 1990, le directeur de la banque centrale hollandaise a adressé au directeur du CLBN, Georges Vigon, une lettre qu'il lui demande de communiquer à Jean-Yves Haberer. Il lui rappelle que le montant des prêts en cours sur les deux groupes de Parretti et Fiorini est estimé à 1 milliard de dollars. Il faut, de toute urgence et avant un mois, ramener ces prêts à 200 millions de dollars et rester à l'écart de toute nouvelle transaction.

Jean-Yves Haberer : Je reçois une lettre de la banque centrale des Pays-Bas qui me surprend et que j'annote en disant : lettre inquiétante et surprenante, me préparer un projet de réponse. C'est une lettre qui attire mon attention sur les crédits faits par la filiale néerlandaise à Parretti et à Sasea, mais ce n'était pas une lettre pour nous informer du fait qu'on avait affaire à des gens qui faisaient des manœuvres frauduleuses et des escroqueries. Non.

– Vous êtes quand même inquiet.

– Naturellement, je demande des éléments qu'on m'apporte et qui ne sont pas inquiétants. Je réponds à la banque centrale.

1. Offre publique d'achat.

– Allez-vous demander par la suite de réduire les encours[1] ?

– Je demande de réduire les encours à ce moment-là et les encours sont effectivement réduits pendant quelque temps.

André GAURON, *conseiller au cabinet du ministre socialiste des Finances, Pierre Bérégovoy, où il a la charge du dossier Parretti, conseiller à la Cour des comptes* : Jean-Yves Haberer avait hérité d'une situation qui existait avant son arrivée et il nous avait fait part des décisions qu'il avait prises, à savoir qu'il avait donné des instructions à son état-major et à la filiale néerlandaise pour arrêter la poursuite de nouveaux prêts à Parretti. Le problème se posait au Lyonnais de savoir quelle était la nature des gages qui avaient été donnés par Parretti, à supposer qu'il y avait eu des gages de donnés. Les premiers prêts consentis l'avaient été visiblement sans qu'il y ait des actifs en gage. Ce n'était pas le cas des derniers, mais c'était le cas des premiers. Les prêts étant ce qu'ils sont, ayant été plus ou moins bien gagés, Jean-Yves Haberer, comme tout banquier, souhaitait maintenir une certaine relation avec son client pour pouvoir rentrer dans les prêts, en obtenir un remboursement dans les meilleures conditions possibles.

Un mois plus tard, le directeur de la banque centrale hollandaise adresse à Jean-Yves Haberer, directement cette fois, une nouvelle lettre de mise en garde, insistant sur les liens entre Parretti et Fiorini et sur les opérations de blanchiment à large échelle qui apparaissent derrière

1. Montant des prêts.

certaines transactions. « Le temps est venu, conclut la lettre, d'informer avec précision les autorités bancaires françaises », c'est-à-dire la Commission bancaire, organisme de contrôle de la Banque de France que dirige Jean-Louis Butsch.

Jean-Louis BUTSCH, *secrétaire général de la Commission bancaire de 1980 à 1993, décédé* : Nous avions été alertés sur les activités problématiques de la CLBN, mais sans que nous puissions obtenir des informations sur la situation de cet établissement de droit hollandais. La loi ne nous y autorisait pas.

– C'étaient des alertes informelles...

– Des alertes informelles.

– De quelle nature ? Quel était l'état de vos informations ?

– De discrètes conversations, mais qui ne pouvaient pas aller au-delà, parce que, comme je le disais, la loi n'autorisait pas à s'informer, à se renseigner et à contrôler les filiales à l'étranger d'un établissement français. Si, aujourd'hui, c'est possible à l'intérieur de l'Europe, ce n'est toujours pas possible hors d'Europe.

– De discrètes conversations avec vos homologues hollandais ?

– Voilà.

– On vous disait quoi ?

– On nous disait que la filiale hollandaise était très engagée sur des entreprises de production cinématographiques.

– Très engagée, ça veut dire trop engagée ?

– Je n'ai pas dit trop engagée, j'ai dit très engagée.

En mars 1990, Parretti a donc annoncé officiellement son OPA sur MGM. Le président du Crédit Lyonnais a décidé de ne pas participer à l'opération, et surtout de faire maigrir les encours, c'est-à-dire les prêts autorisés à Parretti.

Jean-Yves Haberer : Ce n'était pas une instruction difficile à prendre. Je me souviens très bien d'une réunion à quatre avec Bernard Thiolon, Alexis Wolkenstein et Georges Vigon[1]. Vigon était totalement d'accord avec cette ligne.

André Gauron : Entre-temps, un informateur nous a donné l'une des clefs du problème : Kirk Kerkorian, l'actionnaire principal de MGM, avait signé un accord avec Parretti extraordinairement contraignant. Les échéances avaient été programmées et, si Parretti ne pouvait les honorer, il perdait l'ensemble des fonds déjà versés. Une partie avait été versée à la signature de l'accord avec Kerkorian.

En signant une promesse de vente avec Kerkorian, Parretti s'est engagé à lui verser 300 millions de dollars en plusieurs mensualités... qu'il va surtout payer en détournant des prêts consentis par le CLBN sous d'autres prétextes. Le premier mois, 19 millions de dollars prêtés à Pathé Communication Corporation (PCC), suivis de 15 millions prêtés à Sasea et aussitôt reversés à Kerkorian. Les deux mois suivants : 10 millions, toujours pour PCC. Puis VMP, une société allemande liée à Fiorini, emprunte 30 millions de

1. Respectivement directeur général, directeur international et directeur Europe du Crédit Lyonnais.

dollars qu'elle reverse aussitôt à PCC, qui les reverse à Kerkorian. CLBN avance encore 11 millions à Parretti pour un crédit-relais pour Time Warner. Le reste vient de prêts accordés par un autre banquier de Fiorini. Quatre mois plus tard, ils ont ainsi payé 200 millions de dollars.
Le 28 juin, à quelques semaines de l'échéance, Time Warner se retire. Disparaissent ainsi les 600 millions de dollars escomptés par Parretti et Fiorini, lesquels se retrouvent à zéro et vont en plus perdre les 200 millions de dollars déjà versés à Kerkorian s'ils ne concluent pas l'achat engagé.

Florio FIORINI : A mon avis, la bonne décision à prendre aurait été de se mettre d'accord, comme on l'avait prévu, avec Kerkorian, pour qu'il ne nous rende pas l'argent mais nous donne des actions MGM. On avait une perte, mais on en restait là.

Comme au poker, la mise sert d'appât. Aveuglés par elle, les partenaires ne peuvent plus se dégager. Ils iront jusqu'au bout. Moyennant 153 millions de dollars de plus, Kerkorian leur laisse un délai de trois mois, jusqu'au 30 octobre. Parretti et Fiorini décident donc de continuer, alors qu'il leur manque encore plus d'un milliard de dollars.

Florio FIORINI : Nous passons des contrats avec d'autres partenaires. 200 millions de dollars avec Ted Turner[1] pour le portefeuille américain.

– Pour les droits vidéo ?

1. Magnat de la télévision américaine.

– Oui, 100 millions pour les droits des K7 avec la Warner elle-même, puis on vend pour 160 millions de dollars à Berlusconi pour l'Italie et l'Espagne. Et puis on vend pays par pays. 50 millions pour la France. On arrive à 600 millions de dollars.

Les rouages de l'escroquerie se mettent en place. D'abord, Parretti et Fiorini obtiennent, avec l'accord de Kerkorian, plusieurs promesses d'achat du catalogue MGM : 130 millions de dollars auprès de Berlusconi ; 125 millions de dollars auprès de la Warner ; 190 auprès de Turner. En tout, 625 millions de dollars. Détail important, la vente ne sera effective que le jour de celle de la MGM.

Dans un second temps, Kerkorian s'engage à acheter pour MGM le catalogue Cannon-PCC.

Giancarlo PARRETTI : L'idée de revendre à Kerkorian Pathé communications est de moi. Un dimanche après-midi, j'ai appelé Kerkorian parce que Time Warner s'était retiré après le décret de Bérégovoy. J'ai appelé Kerkorian pour lui dire : « Nous sommes à un carrefour : ou tu me donnes la possibilité de réaliser l'opération, ou on ne fait rien. » Il m'a répondu : « Allons-y. » Les évaluations ont été effectuées par des experts, les deux parties ont approuvé et l'opération s'est faite.

En fait, le catalogue PCC vaut à peu près 100 millions de dollars. La complicité d'une firme américaine permet d'afficher une valeur gonflée à 625 millions de dollars, à peu de chose près le prix des catalogues MGM. Ce n'est pas un hasard, on le verra plus tard. Il manque encore à Parretti et Fiorini 400 millions de dollars. C'est alors que Fiorini fait entrer en scène un nouveau partenaire, le gendre d'une très riche famille de Marseille, cliente estimée du Crédit Lyonnais : la famille Sénéclauze.

François GILLE : Je ne sais pas comment s'est fait l'enchaînement, l'engrenage avec la participation de la famille Sénéclauze à l'acquisition de MGM. Toujours est-il qu'un beau matin, en octobre 1990, le comité exécutif du Crédit Lyonnais a entendu Michel Renault[1], qui était le patron du réseau, évoquer l'intention de la famille Sénéclauze, sans doute via M. Bickart[2], de participer à l'acquisition de MGM à hauteur de 150 millions de dollars, ce qui devait représenter à peu près une participation de 12 %. Le comité exécutif, qui se réunissait debout, a entendu ça, et, je dirais, a opiné en pensant qu'effectivement il n'y avait pas de raison ni de s'opposer à ce que la famille Sénéclauze, cliente du Crédit Lyonnais, participe à une telle opération, ni de s'opposer à ce que le Crédit Lyonnais finance la famille Sénéclauze pour cette opération. D'autant que Michel Renaud avait expliqué qu'il y avait la surface de la famille et d'excellentes garanties. Le Crédit Lyonnais sait-il à quoi vont servir ces sommes ?

Florio FIORINI : Moi, je ne parle pas parce que Michel Renault parle avec Bickart. Je ne sais pas si Renault était informé, je ne peux pas le dire, mais ils nous donnent les 150 millions.

---

1. Directeur général adjoint, responsable du réseau France du Crédit Lyonnais.
2. Gendre de la famille Sénéclauze.

François GILLE : Il n'y a pas eu de coordination. Le Crédit Lyonnais Paris a agi aveuglément en pensant monter une espèce de *back to back*, c'est-à-dire un prêt adossé à un autre prêt avec de solides garanties. Ce n'était pas réellement un prêt Sénéclauze, mais cela également je ne l'ai découvert qu'après. C'était un prêt Sealion, une structure montée par la famille Sénéclauze dans un paradis fiscal pour ses opérations avec Parretti et Fiorini. Donc, il n'engageait pas réellement le patrimoine de la famille Sénéclauze.

Début octobre 1990, le Crédit Lyonnais prête 150 millions de dollars aux Sénéclauze par l'intermédiaire d'une société *offshore*[1] leur appartenant (baptisée Sealion), pour l'achat, en leur nom propre, d'une partie de la MGM. Le prêt est garanti par un gage sur 67 % du capital de MGM. Sur les 150 millions de dollars, les Sénéclauze en reversent, peu après, 146 à Parretti contre un gage sur MGM. Pourtant, cet apport ne suffit pas. En octobre 1990, il manque quand même un peu d'argent.

Florio FIORINI : Il manque 160 millions de dollars. Pratiquement, Silvio Berlusconi s'engage par lettre pour 50 millions. Un précontrat est passé avec Rank (société américaine) et avec Kerkorian il y a des conversations pour 50 millions de dollars pour aider au financement. Tous ces accords, nous les avons signés.

1. Située dans un paradis fiscal.

Le 28 octobre 1990, deux jours avant la clôture, Parretti adresse au CLBN la liste détaillée, et très confidentielle, du tour de table qu'il a réuni.

– Dans la liste de vos associés que vous transmettez à Vigon, vous faites référence à un associé qui s'appelle King of Malte, qui est ce fameux King of Malte ?

Giancarlo PARRETTI : C'est un investisseur indonésien, un investisseur privé. Mais il n'est pas sûr qu'il vienne. Il n'avait jamais confirmé sa venue.

– Pourtant, vous le présentez comme certain.

– Comme possible, jamais comme sûr et certain.

François GILLE : Le piège se forme pratiquement le dernier jour, car un certain nombre de financements ne sont pas là. Le financement Berlusconi n'est pas là. Je crois savoir que CLBN appelle Berlusconi ou le directeur financier de Berlusconi pour savoir. On leur dit non, effectivement, cet investissement, nous avons prévu de le faire le 20 novembre. Donc CLBN note. L'information ne vient pas de n'importe qui, elle vient de la Fininvest [1]. Il y avait un papier de Fininvest, un petit papier, pas un gros contrat, un papier de trois lignes disant : « J'investis 50 millions de dollars dans MGM. » CLBN, avec l'accord de Vigon, a pris ce jour-là le parti de dire : « Je préfinance, j'escompte les engagements d'investisseurs et donc je fais du *bridge financing*, du financement intercalaire, entre le 1er novembre et le 20 novembre, du financement relais, en attendant que Fininvest paye. »

1. Holding de Silvio Berlusconi.

Mais, le 20 novembre rien ne vient.

François GILLE : Bien évidemment, le Crédit Lyonnais a cherché à comprendre, ultérieurement, ce qui s'était passé. L'un de mes collaborateurs s'est rendu auprès de Silvio Berlusconi qui s'en est tenu à des explications très générales en disant qu'il avait trouvé normal d'aider un pauvre Italien embarqué dans une opération très ambitieuse et qui lui avait paru très intéressante. Cela n'explique pas pourquoi Mario Berlusconi ou son groupe n'ont pas réalisé cet investissement le 20 novembre.

Giancarlo PARRETTI : Quel crédit de Berlusconi ? On devait lui remettre des choses avant le 21 novembre. Si vous allez au marché acheter de la viande, et si le boucher ne vous la donne pas, la payez-vous ? C'est un jeu à trois cartes. La banque avait une garantie bancaire. Ils donnaient les titres contre la garantie. En plus, je n'y suis pour rien. C'était une relation directe entre la banque et Fininvest, pas du tout entre la banque, Parretti et Fininvest.

François GILLE : L'explication se trouve peut-être dans une déclaration qu'a faite Parretti, sous serment, dans le cadre des procédures judiciaires que nous avions engagées contre lui aux Etats-Unis en 1991. Interrogé sur ce financement et sur la raison pour laquelle il n'avait jamais été concrétisé, Giancarlo Parretti a expliqué qu'il avait promis à Berlusconi que ce dernier n'aurait jamais à honorer son engagement, car entre-temps, c'est-à-dire entre le 1er novembre et le 20 novembre, Parretti s'était engagé à substituer un autre investisseur, véritable celui-là. Alors, si cette explication est vraie, il faut appeler un chat un chat...

Pendant que Parretti prend possession de Hollywood, à Rotterdam les dirigeants du CLBN affirment à la presse que « le Crédit Lyonnais n'a pas financé le rachat de la MGM ». A Paris, Georges Vigon, celui qui a conduit toutes les relations avec Parretti, ne dit rien. A personne. En fait, sur 1 milliard 325 millions de dollars encaissés par Kerkorian pour la vente de la MGM, le Crédit Lyonnais a prêté : 625 millions de dollars (pour Cannon-PCC), près de 350 millions de dollars (pour les mensualités), 146 millions de dollars (le prêt Sealion) et 159 millions de dollars (les crédits-relais), ainsi qu'un dernier prêt de 45 millions de dollars. C'est-à-dire tout, ou presque.

André GAURON : Evidemment, les Américains étaient intrigués de voir une société européenne racheter un des fleurons de Hollywood, donc ils ont cherché à savoir, eux aussi, comment Parretti avait payé. C'est eux qui ont sorti l'information qu'il avait payé avec des chèques tirés sur le Crédit Lyonnais. Donc, à ce moment-là, nous nous sommes inquiétés de savoir comment cette décision avait pu être prise, alors qu'elle était absolument contraire aux engagements d'Haberer.

Jean-Yves HABERER : Cette ligne a été suivie puisque, pendant des mois, Parretti s'est débrouillé, je ne sais comment, pour financer les acomptes qu'il avait à payer. En tout cas, moi, je n'entendais parler de rien. Et le 26 octobre 1990 encore, Brutschi, président de CLBN, écrivait à Parretti : « Nous avons des instructions de ne pas vous financer. » Donc Parretti savait. Ce que je n'ai jamais compris, et jusqu'à ce jour, c'est par quel coup de sirocco de cerveau, le 30 octobre, Vigon a décidé, solitairement, de financer. D'autant plus que Vigon était un homme pour lequel j'avais une grande estime et qu'on m'avait présenté, à mon arrivée au Crédit Lyonnais, comme un de mes possibles directeurs généraux.

François GILLE : Il ne s'est jamais exprimé là-dessus. Le seul moyen de savoir serait qu'il s'exprime.

Georges Vigon ne s'est jamais exprimé auprès de sa hiérarchie. Il n'a pas souhaité non plus répondre à nos questions et préfère garder son mystère. Quand il décide, seul, de boucler le financement de Parretti, il n'en dit rien, à personne.

Bernard THIOLON, *directeur général du Crédit Lyonnais de 1985 à 1992, à la retraite* : Tous les trois mois, je regardais l'état de nos grands risques établi par la direction financière et je posais des questions pour ceux qui présentaient des anomalies. C'est ainsi que je remarquais, au début 1991, une augmentation très forte des concours au groupe Parretti, en contravention avec les instructions du Président. Là commence le dévoilement progressif de ce qui sera le désastre Parretti-Sasea. Fiorini-Sasea paraissait, au début, être un allié solide. Il n'était pas si solide... il s'est même révélé très mauvais. Enfin, vous voyez, c'est une descente progressive en enfer.

Les dirigeants du Crédit Lyonnais découvrent peu à peu qu'ils ont, malgré eux, financé l'achat de la MGM. Mais ils se consolent en pensant tenir un actif solide. Ils ignorent encore le pire et ne découvriront que beaucoup plus tard l'horreur des horreurs, ce qui s'est réellement passé le jour de la vente [1], un coup minutieusement préparé depuis longtemps et joué ce jour-là en quelques minutes. Un coup à trois bandes.
Reprenons. D'abord la MGM encaisse les 625 millions de dollars de la vente de son catalogue à Time Warner, Berlusconi et Turner. Simultanément, Parretti et Fiorini vendent à MGM le catalogue Cannon-PCC surévalué – à 625 millions de dollars – qu'ils reversent aussitôt à Kerkorian, cette fois pour l'achat de la MGM.

François GILLE : C'est MGM qui a vendu, qui a été payée, qui a donc encaissé 600 millions de dollars. Elle les a ressortis l'instant d'après pour les transférer à l'acquéreur, à son acquéreur, à Pathé Communication Corporation, PCC. Comment ? En rachetant des actifs de cinéma, en rachetant les librairies de films de Pathé Communication Corporation, qui ne valaient absolument pas 600 millions de dollars. Si elles valaient 100 millions de dollars, c'est bien... Ceci a été justement analysé ultérieurement. Donc, MGM s'est vidée de son sang.

Le catalogue Pathé a été substitué au catalogue MGM (d'une valeur six fois supérieure) et tout l'argent correspondant a fini sur le compte de Kerkorian. Il faudra aux

1. 30 octobre 1990.

experts du Crédit Lyonnais plusieurs mois pour le comprendre.

Florio FIORINI : C'est ça le problème. Quand nous prenons le contrôle de MGM, c'est une société vide parce que les actifs ont été vendus.

– C'est-à-dire vous vous êtes servis de la vente des actifs pour vous emparer de MGM.

– Pour payer le prix. On a fait ce qu'on appelle en américain du *leverage buy out*. Vous achetez la société avec l'argent de la société. C'est usuel aux Etats-Unis.

– Mais quelle est la valeur au moment de l'achat ? Quand vous devenez propriétaire, vous avez perdu sur la valeur.

– Votre société vaut la moitié. Ce que vous payez moins ce que vous avez encaissé. Si vous payez 1,2 milliard moins 600 millions que vous avez vendu, votre société vaut 600 millions.

– Est-ce que MGM était une bonne affaire ?

– Pas du tout.

– Pourquoi ?

– Parce que, pratiquement, la situation économique était moins solide que le bilan ne le montrait. Quand nous sommes arrivés là-bas, il y avait 50 millions de dollars de factures non payées, depuis des mois.

– Ensuite, qu'avez-vous trouvé d'autre ?

– Nous trouvons que le *cash-flow*[1] était complètement bouffé par la vente des actifs. Donc, il n'y a pas de *cash-flow*.

– La vente des actifs...

– Les 600 millions.

1. Trésorerie.

– ... a été faite par vous ?
– Oui.

François GILLE : Quand Haberer apprend toutes ces nouvelles, il réagit d'une manière calme, mais comme quelqu'un qui reçoit un choc, un grand choc en plein estomac. Il est interloqué. Il ne le montre pas trop, mais enfin c'est le jour où je l'ai vu le plus grave. Il a senti ce jour-là que la politique qu'il menait au Crédit Lyonnais, et qui était une politique de développement de la rentabilité, de développement des investissements, que cette politique était mise en péril. Il a senti qu'il était à un tournant, qu'il était à un moment de basculement.

Jean-Yves HABERER : Inimaginable. Je ne pensais pas que cela puisse arriver. Cela ne m'était jamais arrivé, ni dans ma carrière de haut fonctionnaire, ni dans ma carrière à Paribas. Et jamais autrement d'ailleurs au Crédit Lyonnais.
– Quelle est votre réaction à ce moment-là ?
– Ma réaction a été la fureur absolue et la stupeur absolue. Je ne pouvais pas imaginer que dans une banque aussi disciplinée, hiérarchisée, comme le Crédit Lyonnais... L'émotion me fait encore bafouiller. Je ne pouvais pas imaginer que dans une banque aussi disciplinée, une instruction de cette importance ait pu être transgressée. J'ai été bouleversé par cette nouvelle dans laquelle j'ai vu une sorte d'arrêt de mort, en me disant : « Bon, alors si des choses comme ça se produisent... » Je suis allé raconter cela, immédiatement, dans les jours qui ont suivi, dès que j'ai pu le voir, à Bérégovoy[1]. J'étais

1. Alors ministre de l'Economie et des Finances.

tellement estomaqué que je lui ai d'ailleurs proposé ma démission en lui disant : « Je suis un président bafoué, on ne suit pas mon instruction, je vous propose ma démission. » Il a refusé séance tenante en disant d'abord : « Cela arrive à tout le monde », puis deuxièmement : « Regardez comment ça s'est passé », et, troisièmement, il se sentait un peu gêné parce que si Parretti avait eu besoin de CLBN, c'était parce que Time Warner, son associé pour la conquête de MGM, lui avait subitement fait défaut. Or, il semble que Time Warner lui avait fait défaut parce qu'il avait appris, par les gazettes, que Parretti était interdit en France pour cause d'ordre public.

Dès son arrivée à Hollywood, Parretti a continué le pillage et détourné le peu qui restait à MGM pour financer son train de vie et ses propres entreprises. En quatre mois, 150 millions de dollars. Au printemps 1991, la MGM est au bord de la faillite. Alexis Wolkenstein, directeur international du Crédit Lyonnais, et François Gille sont envoyés de toute urgence à Hollywood pour arrêter la catastrophe et priver Parretti de tous pouvoirs. Mais la descente aux enfers continue. Les dirigeants du Crédit Lyonnais apprennent alors que Fiorini est lui aussi au bord de la faillite. Or, le CLBN, croyant le groupe Sasea solide, lui avait prêté beaucoup, sans toujours vérifier les garanties.

Bernard THIOLON : Sasea c'est un dévoilement progressif au fil des mois. Sasea était une société auditée par KPMG, une des premières sociétés d'audit mondiales, cotée à la Bourse, avec des actionnaires, des administrateurs qui étaient la fine fleur de la finance suisse, etc., avec des activités en Espagne, en Italie, avec des filiales immobilières... Il a fallu que nous mettions nos limiers, notre équipe spécialisée, pour s'apercevoir que toutes les participations croisées que Fiorini avait organisées pour nous tromper faisaient que c'était un château de cartes qui s'est écroulé. Nous ne l'avons découvert qu'au fur et à mesure. On tirait une carte, c'est une autre carte qui tombait. Ce n'est pas du jour au lendemain qu'on a fait cette découverte. Alors, au fur et à mesure on voit et on dit : « Oh ! là ! là !, mais c'est bien plus grave... » On dit : « Cette année, on va provisionner[1] 500 millions », mais *in fine* c'était 3 milliards peut-être qu'il fallait. Ça, vous le dites deux ans après.

François GILLE : Vous m'auriez demandé, à l'époque, je vous aurais dit : « Nous risquons plusieurs milliards de francs. » Je n'aurais peut-être pas été capable de vous dire si c'était 3, 4 ou 5..., ce qui apparaissait déjà comme une catastrophe majeure ! Mais j'ignorais tout, à ce moment-là, de la partie Sasea.

En 1991, François Gille découvre peu à peu la vérité des comptes de Sasea, montage complexe de multiples sociétés qui s'entrecroisent, changent leurs noms, échangent leurs valeurs, font tourner les créances, annoncent des ventes fictives, comptabilisent des bénéfices anticipés ou dissimulent leurs pertes par des cessions d'actifs surévalués. Les nombreux artifices d'un système en trompe l'œil modifient sans cesse le périmètre comptable du groupe.

1. Anticiper sur une perte.

François Gille : A l'époque, Florio Fiorini avait cent banques. Il n'avait absolument pas la réputation de Parretti. C'est vrai que j'avais repéré en Parretti, en deux jours, un escroc. Je ne vous ai pas dit la même chose de Fiorini. J'ai mis un an à me dire que ce personnage, décidément, non seulement avait un esprit extraordinairement agile et souple, mais mentait, que c'était un habile manipulateur et dissimulateur. J'ai mis un an à parvenir à cette conclusion. Deux jours pour Parretti, un an pour Fiorini. Cela montre sans doute que le talent de Fiorini était beaucoup plus grand que celui de Parretti.

Florio Fiorini : Parretti c'était une « paillasse » (pantin) qui avait une fonction de représentation.

Exemple d'une opération parmi d'autres. Fiorini et Parretti sont associés dans Mélia qui détient 90 % de Renta. A la suite d'un prêt antérieur à Renta, cette participation est gagée par le CLBN. Fiorini annonce la vente de cette participation à un « consortium d'investisseurs français » dit-il, réunis dans deux sociétés hollandaises : Deepbridge et Pan. Ass. Pour cette acquisition, Deepbridge emprunte au Crédit Lyonnais Paris 111 millions de francs suisses qu'elle verse à Mélia, qui les reverse au CLBN pour effacer des dettes antérieures. Le gage du CLBN devient un gage Crédit Lyonnais. En fait, la vente est fictive. Deepbridge est une société liée à Fiorini à travers un intermédiaire. Pan. Ass. est directement contrôlée par Fiorini. Peu après, Deepbridge, Renta et Pan. Ass. sont revendues à Scotti, une autre société de Fiorini, avec une plus-value annoncée de 142 millions de francs suisses. Parallèlement, Scotti est revendue à

Cabassi, comparse habituel de Fiorini : plus-value annoncée cette fois, 100 millions de francs suisses. En fait, toutes ces ventes sont fictives, ne donnant lieu qu'à des jeux d'écritures sans déplacement d'argent qui masquent les pertes et permettent de continuer à emprunter. Autre exemple : quand la vente est réelle, une société discrète, OAT (Orient Anglo Traders Limited), sert d'intermédiaire entre acheteurs et vendeurs. OAT revend 100 ce qu'elle a payé 50. Elle sert ainsi à la fois d'écran et de double fond et permet au trop-perçu de disparaître. Le Crédit Lyonnais est d'autant plus abusé qu'il se fie, pour la vérification des comptes, au grand cabinet d'audit international KPMG, lequel ne signalera rien d'anormal avant septembre 1991.

François GILLE : KPMG était l'auditeur du groupe Parretti, l'auditeur de Pathé Communication, l'auditeur de Mélia, l'auditeur de Sasea, l'auditeur de Scotti.

– C'était à eux de prévenir ?

– C'est leur métier... Enfin, non, ce n'est pas le métier de l'auditeur de prévenir, c'est le métier de l'auditeur de dire : « Vous avez à provisionner. » Ils étaient particulièrement bien placés pour savoir s'il fallait ou non provisionner puisqu'ils connaissaient de l'intérieur. Ils étaient, en même temps, les auditeurs de notre client[1]. J'avais demandé au chef de mission : « Avez-vous des problèmes avec le non-provisionnement de tout ce portefeuille de créances ? » Réponse : non.

Bernard THIOLON : Quand les comptes sont sans réserve, ils sont sans réserve et, en plus, comme KPMG

1. Et de la banque aux Pays-Bas. (*N. des A.*)

était intime avec les comptes, il ne pouvait pas dire qu'il ne savait pas.

Or, une note interne au groupe KPMG évoque les opérations dites « de cosmétique[1] » de la fin 1989 et s'inquiète des pertes non comptabilisées. Pourtant, KPMG attend septembre 1991 pour alerter la banque. Il faut alors une longue année à François Gille et à toute son équipe pour mettre à nu la réalité des comptes de Sasea. En 1992, ils savent.

Jean-Yves HABERER : C'est début juillet 1992 que Gille, par une longue note, m'apprend que Sasea vaut moins que zéro, alors qu'on avait cru longtemps, du fait des certifications de KPMG, que Sasea était *in bonis*[2]. Il n'y a pas de problème : c'est le provisionnement à 100 % de nos créances sur Sasea. Il est clair que cela nous met en rouge. Qu'est-ce que je fais ? Aussitôt, je prends contact avec l'Etat actionnaire pour l'avertir de cette torpille et l'Etat actionnaire, pour moi, c'est Trichet, directeur du Trésor, personnage très occupé, mais enfin je le vois quelques jours après, c'est-à-dire avant les vacances. Je lui dis ce qui vient d'arriver. Il comprend et déplore comme moi, mais il comprend parfaitement. Nous ne pouvons que passer des provisions et nous mettre en rouge.

François GILLE : Pour moi, il y a une énorme responsabilité de KPMG, pendant des années. Ma conviction

1. Maquillage de bilan.
2. En bonne santé (bilan positif).

profonde, et ce n'est pas une conviction individuelle, c'est la conviction de l'équipe qui a travaillé là-dessus, c'est que le groupe Sasea était en déconfiture non pas depuis début 1992, non pas depuis l'alerte donnée par KPMG en septembre 1991, mais depuis plusieurs années. Et cela avait été masqué par des opérations financières auxquelles il est difficile de comprendre quelque chose, mais qu'il était dans les attributions, dans la vocation de KPMG, de démonter.

Jean-Yves HABERER : Il y a une responsabilité KPMG au point qu'il ne s'est pas écoulé beaucoup de temps avant que je ne convoque dans mon bureau, en présence de Gille, un représentant de KPMG pour lui dire : « Vous nous indemnisez ou on va vous faire un procès. » Qui a été engagé.

Deux des bureaux de KPMG chargés de ce dossier, à Londres et à Genève, ont repoussé notre proposition de répondre à ces accusations. En juillet 1998, un jugement préliminaire, frappé d'appel, a reconnu le bien-fondé des poursuites engagées par le Crédit Lyonnais à l'encontre de KPMG, reprochant à ce dernier de n'avoir alerté ni la banque ni les autorités dès septembre 1990, c'est-à-dire avant l'achat de MGM. Pour la première fois, fin 1992, à cause de Sasea, le Crédit Lyonnais affiche une perte de 1,8 milliard de francs.
Pendant ce temps, à Hollywood, la MGM n'a cessé aussi d'aligner les pertes et Parretti fait feu de tout bois pour revendre, présentant à François Gille des investisseurs inattendus.

François GILLE : Il a même eu un contact, selon lui, avec l'Eglise catholique au niveau de l'archevêché de New York, puisqu'il a prétendu avoir obtenu l'accord du cardinal O'Connor pour investir 50 millions de dollars dans MGM en vue de préserver une présence et une affirmation de la chrétienté au sein de cet environnement diabolique qu'était Hollywood.

Giancarlo Parretti tente, à un moment, de revendre la MGM. Il présente divers clients possibles au Crédit Lyonnais. L'un d'eux a beaucoup intrigué les banquiers. Il se présentait comme un prince arabe ou jordanien très important.

Giancarlo PARRETTI : Il y en avait deux. L'un était le frère du roi d'Arabie saoudite.

– Rachid el Rachid ?

– Non, Rachid est un parent. L'autre, c'est le frère du roi. Il vit à Miami. C'est Al Fayçal.

François GILLE : Après de rapides vérifications, nous avons pu l'identifier comme le frère d'une ancienne femme du roi Hussein de Jordanie. Ce qui n'est pas tout à fait la famille saoudienne. Nous avons été reçus dans une chambre qu'il avait réservée dans un grand hôtel. Devant cette chambre, il y avait un garde. A l'intérieur, il y avait son assistant anglais et puis, au bout d'un certain temps, le « prince » est arrivé et il nous a dit : « Bien, nous sommes là pour conclure, donc c'est oui ou c'est non. » Nous lui avons dit que si nous étions là, c'est parce que nous ne pouvions pas négliger de prendre en considération une offre de 1 milliard de dollars, mais que nous avions quelques questions préalables à poser. Ces questions étaient : « Qui êtes-vous ? Qui sont les investisseurs ? Quelles sont vos banques ? Quelle est la provenance des capitaux que vous comptez investir ? » Il a pris ces questions de très haut et nous a dit que nos propos étaient insultants pour la famille royale saoudienne. Ce qui, évidemment, était très préoccupant. A ce moment-là, il s'est un peu radouci. Il nous a dit : « Bon, je vous donnerai un certain nombre d'éléments d'information après m'être rapproché de mes associés pour vérifier qu'ils sont d'accord, mais il y a un préalable : il faut que vous me fassiez un chèque de 6 millions de dollars, tout de suite, à titre de commission. Ce qui me permettra de couvrir les frais que j'ai eus pour réunir ce groupe d'investisseurs. » Nous lui avons répondu que nous n'étions pas en mesure de payer une commission comme ça, sans savoir à qui, sans savoir pourquoi, et surtout d'un montant pareil. A ce moment-là, le ton a monté, la conversation est devenue violente. Il nous a dit : « De toute façon, tout à l'heure, dans les propos que vous m'avez tenus, vous avez accepté de prendre en considération mon offre, donc ça veut dire que vous avez vendu. Selon la loi anglaise, il n'y a pas besoin d'un contrat écrit pour conclure un accord de vente. Donc, je considère que vous m'avez vendu et vous aurez de mes nouvelles. » Puis, nous avons été purement et simplement chassés de la chambre.

L'histoire s'achève. Quatre ans plus tard, la tempête souffle sur le Crédit Lyonnais. La MGM n'a cessé d'accumuler des pertes que le Crédit Lyonnais a dû, à chaque fois, compenser. En quatre ans, 2 milliards de dollars. Jean-Yves Haberer a été remplacé. C'est Michel Rouger, président de la structure chargée de vendre les actifs douteux du Crédit Lyonnais, qui hérite de la MGM. Enfin revendue, en 1996, à son prix d'acquisition (1,3 milliard de dollars), on l'accuse alors de l'avoir bradée.

Michel Rouger, *ancien président du tribunal de commerce de Paris, président du Consortium de réalisation (CDR) de 1995 à 1997* : Si nous n'avions pas vendu la MGM comme on l'a vendue, nous aurions dû assumer les pertes d'exploitation des studios hollywoodiens en 1996, ce qu'on n'a pas fait puisqu'on a vendu sans donner de garanties. Ces pertes se sont élevées à plus de quatre milliards de francs. Si nous n'avions pas vendu la MGM, nous ne l'aurions pas mieux valorisée, mais nous aurions ajouté quatre milliards de francs à la facture payée par le contribuable.

C'est finalement Kirk Kerkorian qui, avec deux associés, rachète la MGM six ans après l'avoir vendue à Parretti et Fiorini. Le monde est vraiment petit.
Reconnu coupable par la justice américaine de faux, usage de faux et faux témoignage, et condamné en outre à payer au Crédit Lyonnais 8,5 milliards de francs, Parretti fait l'objet d'un mandat d'arrêt international. Il vit cependant aujourd'hui à Rome.
Fiorini, condamné par la Cour de Genève pour escroquerie, fraude et banqueroute dans l'affaire de la Sasea, a passé quatre années en prison.
Quant à Kerkorian, il a été poursuivi par le Crédit Lyonnais pour complicité avec Parretti et Fiorini. Finalement, un accord à l'amiable dont les termes sont restés secrets arrêtera les poursuites. Il a, entre-temps, construit à Las

Vegas, grâce à la vente de la MGM, le plus grand casino du monde – en forme de lion –, baptisé « le MGM ».

Florio FIORINI : Qui a fait la bonne affaire ? Kerkorian. Il a construit, avec notre argent – le nôtre et celui du Crédit Lyonnais –, un hôtel à Las Vegas. Qui a fait la bonne affaire ? Pas seulement en nous vendant, mais en nous rachetant ? Qui a racheté ? Kirk Kerkorian.

L'ensemble MGM et Sasea aura coûté au Crédit Lyonnais 22 milliards de francs. Près du quart des pertes évaluées aujourd'hui. C'est le premier et le plus gros des trous du Crédit Lyonnais.

Chapitre 2

Des trous dans le béton

Michel Rouger, ancien président du Tribunal de commerce de Paris, a aussi été, de 1995 à 1997, le premier président du CDR, le consortium de réalisation du Crédit Lyonnais, chargé de gérer et de vendre les actifs douteux de la banque publique. A ce double titre, c'est un observateur lucide du système bancaire français.

Michel ROUGER : Le sport national pendant la deuxième moitié des années 1980, c'était de prendre le maximum d'argent à l'Etat banquier pour en rendre le minimum à l'Etat percepteur. Ce qui explique les opérations *offshore*, l'usage des paradis fiscaux, l'usage d'un tas d'intermédiaires de toutes sortes qui, au passage, superposaient des commissions. Le système IBI, qui avait été créé au Luxembourg, n'échappait pas à cette qualification, à ce sport national devenu international. Il suffisait de taper dans la caisse de l'Etat français banquier pour ne rendre à l'Etat français percepteur que des sommes infimes par rapport à celles qui avaient été prélevées, utilisées.

L'histoire commence en 1983 au Luxembourg, avec la création d'une banque privée, International Bankers. On l'appelle aussi IB, IBI ou IB.SA. Une banque totalement privée et sans rapport, à ce moment-là, avec le Crédit Lyonnais. Le créateur et président de la holding de tête, Jean-Maxime Lévêque, est un ancien conseiller économique du général de Gaulle. Ancien président du Crédit Commercial de France et proche du RPR, il sera aussi, trois ans plus tard, président du Crédit Lyonnais, de 1986 à 1988.
Parmi les actionnaires, on relève la présence de plusieurs intermédiaires ou marchands d'armes. Samir Traboulsi, plus tard condamné pour délit d'initié dans l'affaire Péchiney-Triangle, Adnam Kashoggi, que l'on retrouvera dans les affaires Irangate et Contragate, et surtout Akkram Ojjeh, propriétaire du groupe Tag, dit le roi des bakchichs.

Jean-Maxime LÉVÊQUE, *président du Crédit Lyonnais de 1986 à 1988, président d'IBI Holding de 1983 à 1986 et de 1988 à 1991, à la retraite* : Akkram Ojjeh était un homme parfaitement honorable et qui disposait de moyens très importants et c'est ce qui explique qu'il a volontiers accepté de participer au capital de cette banque. Il n'y a rien de scandaleux dans cette affaire. D'autant qu'il était actionnaire du Crédit Commercial de France et qu'il avait beaucoup gagné d'argent à ce titre.

Michel de BREM, *président-directeur général de la filiale française IB.SA de 1983 à 1992, conseil en entreprise* : Je comprenais qu'en 1983 les initiateurs de la construction du groupe IBI, c'est-à-dire Jean-Maxime Lévêque et Jean de Roquefeuille, son adjoint au CCF, avaient pris l'argent là où il était, c'est-à-dire des groupes arabes qui étaient liquides, qui en avaient et qui voulaient investir dans un groupe financier international. Tout ça me paraissait logique.

L'organigramme est un exemple classique des montages à la mode de ces années-là. Une holding de tête à Curaçao et une sous-holding en Hollande qui contrôle la banque proprement dite, elle-même installée à Luxembourg. Il y a encore quatre filiales bancaires, à Genève, Hong Kong, Londres et Paris. Victime à ses débuts de mauvaises affaires dans le marché des matières premières, la filiale IB.SA est rapidement poussée vers ce qui est alors la poule aux œufs d'or : le financement immobilier, dont la fièvre a saisi toutes les banques.

Michel de Brem : Toutes les banques ont commis la même erreur. Pendant les années 86, 87, 88, elles ont financé des passages de main d'un immeuble entre marchands de biens qui s'échangeaient des immeubles avec des plus-values de 10 %, en six mois, sans y apporter aucune valeur ajoutée. Ils achetaient des immeubles et, avant même de les avoir payés, ils les avaient revendus. Ils empochaient 10 % du montant du prix des immeubles. Dans les deux ou trois mois de la durée de leur promesse de vente, le marché montait d'autant. Donc ils n'apportaient pas de valeur ajoutée et ils gagnaient de l'argent sans rapport avec l'effort qu'ils avaient fourni.

– Il n'y avait aucune mise de fonds ?

– Il n'y avait aucune mise de fonds. En général, ils ne payaient pas l'immeuble. Ils avaient une promesse de vente, ils signaient une promesse payable trois mois plus tard, qu'ils n'auraient d'ailleurs pas honorée si le marché n'avait pas monté, parce que c'était des gens qui manquaient parfois de scrupules. Mais ils mettaient à profit ce délai pour revendre sans avoir fait de travaux, sans avoir fait d'évictions, sans avoir ni rénové ni libéré l'immeuble, ce qui était en général la principale valeur ajoutée qu'ils pouvaient apporter. Donc, ce n'était pas, on va dire, du boulot, c'était de la spéculation.

Jean-Yves HABERER : Nous considérions que ça allait trop vite.

Nous sommes en 1987 et Jean-Yves Haberer prendra un peu plus tard la présidence du Crédit Lyonnais en succédant à Jean-Maxime Lévêque. Le Crédit Lyonnais est depuis longtemps la banque la plus engagée sur le marché immobilier.

Jean-Yves HABERER : Pourquoi est-ce que cela allait trop vite ? Rappelons-le. Une seule cause : une décision gouvernementale de 1985 consistant à supprimer l'agrément pour la construction des bureaux dans la région parisienne. C'était une mesure tellement folle, tellement irresponsable, que les promoteurs ont été convaincus qu'elle ne durerait pas, qu'elle serait rapportée au bout d'un an, deux ans au maximum, et que donc il fallait galoper, qu'il fallait profiter de cet espace de liberté pour engager des programmes. Les banques ont eu le tort de galoper derrière les promoteurs, mais la concurrence y était pour beaucoup. Les collectivités locales de la région parisienne voyaient dans la construction de bureaux des ressources budgétaires, des taxes professionnelles futures, des centres d'activité nouveaux, et elles délivraient les permis de construire à tout va. Les banques étant concurrentes les unes avec les autres, le Crédit Lyonnais était, bien avant mon arrivée, la première banque de l'immobilier, il fallait qu'il défende ses parts de marché. Ce qu'il a fait jusqu'à la décision... de geler les encours au niveau de 1990. Car tous les crédits immobiliers étaient syndiqués[1]. On ne mettait jamais une banque sur un projet d'un immeuble de bureaux, on était toujours à 5, 10, 15, 20 banques. Voilà, la source de la crise, elle est là.

Pierre DESPESSAILLES, *directeur général de SDBO de 1969 à 1992, à la retraite* : Je pense que les banques qui pratiquaient l'immobilier ont commis une erreur fondamentale en raison de la concurrence importante qui existait : celle de se mettre à financer les marchands de biens non plus à 70, 80 %, comme pendant des années, mais de les financer à 100 %. Et quand je dis 100 %, c'était même quelquefois 110 %, dans la mesure où, au-delà du financement de l'achat, étaient financés les impôts, les droits et les frais de notaire. Le résultat ? Ou bien nous acceptions de voir notre clientèle, qui pouvait trouver ailleurs des financements à 100 % alors que nous ne leur offrions que des financements à 70 ou 80 %, nous quitter, ou bien, petit à petit, nous étions amenés à faire la même chose. L'erreur que nous avons commise, que je confesse tout à fait, c'est finalement d'avoir lâché prise et d'avoir cédé sur ce plan, de peur de perdre notre clientèle, de peur de voir notre fonds de commerce, qui était extrêmement important en matière immobilière, s'effondrer.

1. Partagés avec d'autres banques.

Nous avons été amenés, petit à petit, à céder et à faire la même chose que les autres.

On ne voit aucune limite à la remontée des prix. Ce qu'on appelle alors « la bulle immobilière » dégage aussi un fort parfum d'argent qui suscite, à vrai dire, de bien vives tentations. Accompagnant un de ses clients marchand de biens dans le bureau d'un haut fonctionnaire chargé de vendre un immeuble public, Michel de Brem assiste à une jolie scène de la vie des affaires « masquées ».

Michel de BREM : La conversation a commencé sur un ton général. Le haut fonctionnaire était un peu gourmet. Des boiseries, tout était un peu poussiéreux, des fauteuils haute époque, enfin tout ça très solennel. La conversation a porté sur l'évolution du marché de bureau à Paris dans le triangle d'or[1], quelques banalités. Nous avons fait état du niveau de l'offre qui était proposée. Notre interlocuteur nous a répondu : « Ecoutez, c'est dans la fourchette. » Et je me disais que la conversation était probablement finie quand, à ma stupéfaction, j'ai entendu le dialogue surréaliste suivant. Mon client, en regardant droit dans les yeux son interlocuteur, a dit : « Ecoutez... nous croyons savoir que certains de nos compétiteurs ont proposé, en plus du prix d'offre, un bouquet de roses et... nous voudrions vous dire que nous sommes dans le même état d'esprit... » Drapé dans sa dignité, le vendeur ne répondait pas. Et puis, tout d'un coup, à ma stupéfaction – et je dois dire rétrospective-

1. Secteur dans le bas du VIIIe arrondissement.

ment, un peu à mon soulagement –, la personne en question a dit : « Mais au fait, précisez-moi quelque chose... c'est combien la rose chez vous ? » Du tac au tac, mon client à répondu : « C'est 200 000 francs, nous pensions en donner une demi-douzaine. » Et le délégué général a dit : « Mais écoutez, je pense que ce n'est pas du tout le niveau suffisant. D'abord, c'est mieux de donner un nombre impair, c'est plus convenable, sept me paraîtrait trop peu, neuf c'est certainement un minimum. » J'étais, comme je le dis, à la fois soulagé et inquiet quand même d'être tombé dans un piège. Nous sommes partis là-dessus et je me suis dit que jamais je ne recommencerai une telle expérience. La fin de l'histoire, c'est que nous n'avons pas eu le marché et que je n'ai jamais su de quelle importance était la gerbe de notre concurrent.

Pour conduire aux poches profondes, où va s'évanouir le doux parfum des roses, on crée des systèmes aussi divers que raffinés, des sociétés opaques, des sociétés écrans et des doubles circuits. On cède une ou plusieurs promesses de vente à des comparses en réalisant une copieuse plus-value. Exemple : le 20 mars 1987, le siège du journal *L'Humanité* fait l'objet d'une promesse de vente à un homme d'affaires suisse, pour un prix fixé à 95 millions de francs dont 19 millions versés à la signature. La promesse prévoit que le bénéficiaire peut éventuellement être remplacé par un autre acheteur de son choix. Six mois plus tard, la vente est réalisée pour le compte d'un acheteur, désigné comme convenu par l'homme d'affaires suisse : IBI Réal Estate, sous-holding hollandaise d'IBI. En revanche, le chèque de la somme restant due, 76 millions de francs, est établi sur le compte de la société mère luxembourgeoise. Dix mois plus tard, l'immeuble est revendu par IBI Réal Estate 143 millions de francs, à une société luxembourgeoise : plus-value de 48 millions de francs. Rapide et facile. La justice enquête. Autre exemple : *France Soir*. L'immeuble du journal, rue Réaumur à Paris, est vendu en 1989 par le groupe Hersant pour un prix déclaré de 550 millions de francs. En réalité, 640 millions ont été versés par l'acheteur. Or, là aussi, une promesse de vente avait été faite au même homme d'affaires suisse. Les 90 millions versés à la signature ont disparu dans des poches aussi profondes qu'anonymes. Là aussi la justice enquête.

– Dans le cadre de la vente de l'immeuble de *France Soir* en 1989, 90 millions disparaissent. On parle de commission, l'intermédiaire aurait pris 20 millions, la justice vous accuse d'avoir empoché le reste. Qu'est-ce que vous répondez à cela ?

Jean-Maxime LÉVÊQUE : Je ris qu'on en soit à imaginer des choses pareilles. Non. Tout le monde sait très bien que ces accusations portées contre moi résultent d'une médisance et de mensonges caractérisés.

– D'anciens cadres d'IB.SA ont parlé également de financement de partis politiques. François Gille aussi parle de financement de partis politiques de la part d'IB.SA. Vous-même, étiez-vous au courant, avez-vous vu quelque chose ?

– Premièrement, je ne crois pas qu'il y ait eu des financements politiques. Deuxièmement, s'il y en a eu – et je ne le pense pas –, je n'ai absolument pas été au courant. Je dois vous dire qu'un de mes soucis provenait du fait que le président de cette banque française était un homme qui informait très peu son actionnaire.

– Michel de Brem ?

– Oui, Michel de Brem. Et j'ai, par conséquent, eu à lutter constamment contre une tendance à en dire le moins possible.

Michel de Brem : J'ai toujours eu beaucoup d'admiration pour Jean-Maxime Lévêque avec qui j'avais travaillé pendant 20 ans au CCF, donc que je connaissais bien, qui m'apparaissait comme un grand manager de banque. Je l'ai trouvé toujours très responsable et volontaire à la tête du groupe IBI en 1988. J'ai été épaté, pardonnez-moi le terme, qu'il obtienne relativement facilement un actionnaire de référence en la personne du Crédit Lyonnais. Par la suite, nos relations se sont un peu dégradées, car j'ai pris un poste de plus en plus opérationnel et lui de plus en plus de distance.

En 1987, une enquête internationale est en cours sur une vente d'armes à l'Iran par la firme française Luchaire, cliente de IBI. Une demande de la justice italienne provoque une perquisition dans les locaux du siège de la banque à Luxembourg.

Michel de Brem : Je crois qu'il y avait une enquête sur des exportations soit d'armes, soit de munitions, ce qui était le métier de Luchaire, et que les crédits documentaires ayant été ouverts par IBI, c'était assez normal que... l'investigation de la brigade financière luxembourgeoise se porte sur les dossiers, sur les archives d'IBI.

– C'était sur des livraisons illégales d'armes à l'Iran.

– Je ne sais pas si elles étaient illégales, je dis simplement que, techniquement, il y avait des traces dans les dossiers d'IB de ces lettres de crédit qui accompagnaient les exportations que vous jugez illégales, mais dont je ne sais rien.

– Il y avait un embargo des Nations unies à l'époque, et le commerce était dissimulé, c'est-à-dire que les armes étaient à destination de l'Iran, mais passaient par le Portugal.

– Je n'ai pas été jusque-là. Je dis simplement que, quand une banque émet des lettres de crédit pour accompagner une exportation, elle n'est pas censée ouvrir les containers pour voir ce qu'il y a dedans.

Il s'agit d'un contrat de 87 millions de dollars. Au moment des faits, Jean Maxime Lévêque est devenu président du Crédit Lyonnais et a quitté la présidence de la holding depuis un an.

Jean-Maxime LÉVÊQUE : Ceci se référait à des opérations de financement de négoce... qui portaient sur des produits militaires... et qui ont été faits à un moment où moi... j'étais président du Crédit Lyonnais. Par conséquent, je ne connaissais pas le fond de l'affaire. Lorsque je l'ai appris, bien sûr, cela m'a été désagréable, mais j'ai consulté des juristes qui m'ont dit que la tentative de la justice italienne était totalement dénuée de fondement juridique.

Un an plus tard, l'alternance politique et le retour des socialistes au pouvoir ont donné au Crédit Lyonnais un nouveau président, Jean-Yves Haberer. Jean-Maxime Lévêque a rejoint sa holding. Peu après, les autorités financières luxembourgeoises, inquiètes du scandale Luchaire, obligent la banque à se recentrer à Paris. Saisi de la demande luxembourgeoise, le gouverneur de la Banque de France, Jacques de Larosière [1], insiste auprès de Jean-Yves Haberer pour adosser la petite IBI, banque privée, au puissant Crédit Lyonnais, banque publique qui en deviendra l'actionnaire « de référence ». Un concept alors nouveau et inconnu du droit français, qui rend le Crédit Lyonnais responsable de la banque privée.

Jean-Yves HABERER : IBI est une histoire tout à fait singulière parce que, quand une participation a été demandée au Crédit Lyonnais, une participation de 25 %, la notion d'actionnaire de référence n'était pas légale, mais la Banque de France a tout pouvoir de créer les concepts qu'elle veut puisqu'elle est chargée de faire bien fonctionner le système bancaire français. Je n'avais pas conscience que cette notion existait et j'ai été très contrarié, pour ne pas dire plus, que nous soyons le cobaye de la Banque de France pour ce nouveau concept. J'ai traîné les pieds huit mois, parce que je n'étais pas content. Je boudais parce que j'étais devenu le cobaye d'une formule dont je ne connaissais pas exactement la consistance. Et je boudais tellement qu'un jour, Lévêque étant allé voir très certainement Bérégovoy, ce dernier m'a appelé pour me dire : « Mais qu'est-ce qui se passe ? Vous traînez les pieds sur un dossier qui n'est pas une mauvaise affaire. Je souhaite que ce soit fait. Je le souhaite parce que c'est une merveilleuse victoire pour

1. Gouverneur de la Banque de France de 1987 à 1993.

moi ! Comment ? Ce porte-parole de l'entreprise privée qu'a été politiquement Lévêque souhaite prendre comme actionnaire de référence une banque publique ? C'est merveilleux politiquement, quelle victoire des socialistes d'être reconnus comme maintenant respectables pour la gestion de l'économie mixte en France ! » J'ai donc eu un moment d'examen de conscience et je me suis dit : « Bon, finalement il n'y a plus que moi, tout le monde souhaite que cette opération ait lieu, tout le monde a de bons arguments puisés dans le dossier. Et moi, au fond, pourquoi est-ce que je traîne les pieds ? Pour des raisons d'amour-propre, parce que je n'aime pas être un cobaye. Je ne vais pas me considérer comme le seul sain d'esprit dans une maison de fous, c'est probablement l'inverse. Donc l'opération a eu lieu.

Pour ne rien coûter en fonds propres au Crédit Lyonnais, l'opération s'accompagne d'un recyclage de capitaux engagés. IB.SA achète pour 40 millions de dollars une participation dans deux filiales du Lyonnais – Interfimo et Crédit bergamasque. C'est François Gille, directeur financier du Crédit Lyonnais, qui est chargé du contrôle d'IB.SA.

François Gille : Dans l'affaire de l'acquisition d'une participation de 25 % par le Crédit Lyonnais dans le petit groupe bancaire International Bankers, qui a été contrôlé par son ancien président Jean-Maxime Lévêque, il y a un mystère. Personnellement, je pose une question : Est-ce que l'institut monétaire luxembourgeois a transmis ces informations à la Banque de France ? Il y a bien eu transmission d'un dossier. Le contrôle est passé de l'un à l'autre. Quelles informations ont été transmises à la Banque de France ? Si l'institut monétaire n'a pas transmis cette information, pourquoi ? Et s'il l'a transmise à la Banque de France, pourquoi la Banque de France n'a-t-elle pas mis en garde le Crédit Lyonnais, à qui elle a demandé de devenir actionnaire de référence d'International Bankers ? Pourquoi la Banque de France n'a-t-elle pas mis en garde le Crédit Lyonnais contre certains errements d'International Bankers ?

Sollicités par nous, MM. Trichet, à l'époque directeur du Trésor[1], et de Larosière, à l'époque gouverneur de la Banque de France, n'ont pas souhaité répondre publiquement à ces questions.

Bernard THIOLON : On aurait dû, à l'évidence, dire : qui dit actionnaire de référence, dit contrôle comme si c'était une filiale.

François GILLE : Le directeur général de l'époque, Bernard Thiolon, avait donné son accord à Jean-Yves Haberer pour cette opération, moyennant la condition que certains actionnaires qui étaient au capital d'IB.SA s'en retirent.

– L'actionnariat arabe, en gros ?

– Enfin, certains actionnaires arabes, c'est pas l'actionnariat arabe en soi.

– Traboulsi, Kashoggi, Barroum...

– Oui.

1. De 1987 à 1993.

– Et qui prend leur place ?
– Maxwell.

Robert Maxwell, aventurier, agent d'influence et magnat de la presse britannique.

Michel de Brem : Je me souviens qu'il a téléphoné un jour et que, sans regarder le dossier ni même discuter le prix, Robert Maxwell a dit : « Jean-Maxime, je mets à ta disposition la somme en question (qui représentait quand même quelque chose comme 10 ou 15 millions de dollars) à condition que tu me sortes de là dans un an, et puis je mets cette somme à ta disposition pour racheter les 12 % du cheikh Barroum. Parallèlement, je vais racheter 4 % que je conserverai par amitié pour toi et pour... sceller nos ententes réciproques. »
– C'était donc une opération de portage ?

Fréquent et légal, le portage, qu'on appelle aussi plus vulgairement un faux nez, consiste à acheter un bien pour le compte d'un autre auquel on le restituera le moment venu.

Michel de Brem : C'était une opération de portage, mais qui n'a donné lieu à aucun écrit. C'est ta parole contre la mienne. J'étais épaté, je dois dire, parce que c'est assez rare que ça se passe pour des sommes comme ça dans les affaires, qu'on tope au téléphone et qu'on ne s'échange même pas de lettre. Mais les fonds sont arrivés le lendemain. Et l'opération a pu se déboucler.

François GILLE : C'est-à-dire que Maxwell n'est intervenu que moyennant l'engagement de Jean-Maxime Lévêque de lui assurer une sortie, et une sortie sans risque, sans perte. C'était donc un faux actionnaire. Le capital qui était entre ses mains était donc du faux capital.

– Et pour qui portait Maxwell ?

– Il portait pour X. X étant à... déterminer par Jean-Maxime Lévêque dans je ne sais quels délais.

Jean-Maxime LÉVÊQUE : J'ai toujours dit au Crédit Lyonnais, et à tout le monde, que lorsque le Crédit Lyonnais prendrait définitivement ses 25 %, il reprendrait une partie de la participation de Maxwell, la seconde participation dont je parlais à l'instant. Mais il n'y avait aucun engagement vis-à-vis de Maxwell, ça n'était pas du tout un portage.

– Est-ce pour cela que la justice parle de portage ?

– La justice... je suis devant une justice qui invente des choses. Je n'arrive pas à... l'empêcher d'employer, au sujet de cette opération, l'expression de portage. Mais ce n'était pas un portage. Je l'ai dit au juge d'instruction, c'est comme si je chantais.

– Les juges font remarquer que toute cette opération pour Maxwell portait le nom de *Bishop's gate*, ce qui en anglais veut dire la porte de l'évêque.

– Vous voyez où en est réduit le juge d'instruction qui... étudie... cette affaire... C'est rocambolesque. *Bishop's gate* est un quartier de Londres et c'est la raison pour laquelle Maxwell a donné ce nom à cette société. Elle existait bien avant que je le connaisse.

Un an plus tard, à cause de lourdes pertes, IB.SA sera au bord de la faillite. Actionnaire de référence malgré lui, le Crédit Lyonnais est alors pris au piège d'opérations lancées par IB.SA. Entre autres, passage du Havre à Paris, un chantier de 23 000 m^2 en forme de gouffre financier.

François GILLE : Nous connaissions l'opération, nous savions que IB.SA avait en portefeuille les éléments de cette opération, mais nous n'avons pas été consultés. Nous aurions dû l'être. Nous n'avons pas été consultés sur le fait que IB.SA a pris cette opération en financement à 100 % tout seul, alors que normalement son coefficient de division des risques n'aurait pas pu le lui permettre.

– Qu'est-ce que le coefficient de division des risques ?

– Le coefficient de division des risques est un calcul, une espèce de ratio, qui vous dit que vous ne pouvez pas, sur un même risque, engager plus de X % de vos fonds propres [1]. Là, on était à 1,8 milliard, on devait être à deux ou trois fois les fonds propres.

Michel de BREM : Que la société ait 100 000 francs de capital, ou 10 millions, ou 100 millions, ne changeait rien au risque. En face de 2,5 milliards, 100 millions c'est rien. Ça ne sert à rien, j'allais dire, d'avoir 100 millions de fonds propres pour un marché ou un chantier de 2,5 milliards.

François GILLE : A l'époque, Jean-Maxime Lévêque a présenté l'opération comme recelant un potentiel de plus-value de 1 milliard de francs.

1. Les fonds propres correspondent au capital plus les réserves.

– Pourquoi vous a-t-on reproché, Michel de Brem, d'aller jusqu'au bout ?

Michel de BREM : Parce que ça dépassait les moyens de la banque, que je n'aurais pas dû signer l'acte que j'ai signé. Voilà.

– Et pourquoi l'avez-vous signé, alors ?

– Parce que je n'ai pas vu qu'il y avait un piège.

– Et où était le piège ?

– Dans une rédaction interprétative. J'ai signé, pour moi, une obligation de syndiquer l'opération, enfin un engagement de syndiquer l'opération, et cela a été interprété ensuite, avec une rédaction modifiée de nombreuses fois, comme si je m'engageais à financer l'opération. Alors que dans ma tête, je m'engageais à la syndiquer.

La syndication consiste à partager avec d'autres banques à la fois les prêts et les risques. Passage du Havre, les risques sont entièrement à la charge d'IB.SA. Or, en 1990, le chantier ouvert depuis un an n'avance pas. Les frais flambent : 30 millions de commissions à des intermédiaires, 20 millions pour un immeuble inutilisable, 300 millions d'assistance technique et encore 300 millions pour les frais d'éviction.

François GILLE : J'ai compris, en 1993, que les évictions se faisaient dans des conditions abominablement onéreuses et que, pour arriver à évincer un certain nombre de commerçants qui tenaient des positions clés et qui pouvaient empêcher la progression du dossier et l'ouverture du chantier, la société du Havre était amenée à payer des indemnités d'éviction hors de proportion avec ce que pouvaient valoir les fonds de commerce en cause.

Michel de BREM : Je ne vais pas entrer dans le détail. Je suis sûr qu'il y a des personnes qui se sont servies, notamment parmi celles qui étaient chargées de procéder à l'éviction de 80 locataires de petites boutiques. C'est un peu tentant. Un habile commerçant du quartier a acheté pratiquement une chambre de bonne dans chacun des immeubles qui faisaient le tour du passage du Havre, puis s'est assis dessus en attendant de nous les vendre chacune au prix d'un cinq-pièces à Neuilly. Il y avait probablement des pièges que... nous avons un peu sous-estimés.

Cinq ans plus tard, Michel Rouger, président du CDR, chargé de gérer et de vendre les actifs douteux du Crédit Lyonnais, découvre les dossiers d'IB.SA. Parmi eux, le contrat du responsable du département immobilier d'IB.SA, Jean de la Porte des Vaux.

Michel ROUGER : La découverte a été de constater que des dirigeants de cette banque avaient un intéressement pour les affaires qu'ils apportaient, ce qui fait qu'ils touchaient des deux mains. C'était très curieux, du moins c'est le sentiment que nous avons eu. Ce sera à la justice d'apprécier la nature délictuelle ou pas de ces opérations, mais il ne fait pas de doute que l'intérêt du développement commercial de la banque reposait sur la capacité donnée à ses dirigeants de multiplier des opérations en en tirant profit eux-mêmes. En plus, dans de nombreux cas, ils étaient autorisés à prendre des participations dans les opérations immobilières pour partager les plus-values qui pouvaient en découler. Donc, ils avaient trois intérêts : un intérêt de dirigeant, un intérêt découlant du volume du chiffre d'affaires fait et un intérêt dans les participations qu'ils prenaient pour avoir leur part dans la plus-value réalisée, grâce à l'argent de leur banque, d'ailleurs.

Par contrat, Jean de la Porte des Vaux perçoit 5 % des bénéfices. Toute augmentation des prêts qu'il accorde à des clients, prêts, bien sûr, effectués par la banque, accroît sa propre rémunération. Il a droit, pour ses affaires personnelles, à un crédit *revolving*[1] de 2 millions de francs sans apport personnel.

Michel de Brem : Cela mériterait des développements plus importants que je ne souhaite pas faire ici, en cours d'instruction. Mais c'est vrai qu'il y a eu une contribution de la SNC du Havre à une partie de l'intéressement d'un des collaborateurs.

– Vous le saviez à l'époque ?

– Oui.

– Est-ce que c'était normal ?

– C'était... logique. Economiquement logique.

– Qui avait signé ces contrats ?

– Le directeur général qui me précédait à la banque Wedge[2]. J'ai examiné attentivement, du moins pour l'un des cas, le plus flagrant, les moyens de résilier les contrats existants. Il s'est avéré... Nous avons décidé, Jean-Maxime

1. Crédit à renouvellement automatique.

2. Une banque rachetée par IBI en 1986.

Lévêque et moi, que nous allions tenter, ce qui a été fait, d'amender ce contrat, mais de ne pas le résilier. C'eût été très coûteux et surtout... la personne qui bénéficiait de ce contrat générait, à peu près, la moitié du profit de la banque. Nous venions d'acheter cette banque, pas très bon marché, et nous nous disions que si, juste après l'avoir achetée, on lui enlevait la moitié de son fonds de commerce et de ses profits, serait-ce une bonne affaire ?

– Saviez-vous que le responsable de l'immobilier d'IB.SA aurait perçu 7 millions de francs dans le cadre de la rénovation immobilière du passage du Havre ?

Jean-Maxime LÉVÊQUE : Mais bien sûr que non, parce que si je l'avais su... je ne l'aurais pas accepté un seul instant.

– Comment se fait-il qu'on vous cachait de telles informations ?

– On me racontait ce qu'on voulait.

François GILLE : Normalement, ce genre de rémunération exceptionnelle ne peut pas se mettre en place sans l'accord du président et du directeur général.

– Donc Jean-Maxime Lévêque ?

– Oui. Soyons clairs, Jean-Maxime Lévêque avait une doctrine qui était qu'il était bon que les membres d'une équipe s'enrichissent en même temps que l'ensemble de l'entreprise, elle aussi, s'enrichissait. Que l'enrichissement des uns favorisait l'enrichissement des autres, je veux dire de la société elle-même, de l'entreprise elle-même. Donc, il y avait une espèce d'intérêt mutuel à ce que les directeurs participent aux profits, parce que, en même temps qu'ils participaient aux profits, cela voulait dire qu'ils en réalisaient, que la banque en réalisait.

Jean-Maxime LÉVÊQUE : Beaucoup... de mensonges... m'ont été faits à ce moment-là. J'appelle ça des mensonges, parce que je me rends compte, en regardant aujourd'hui tout ce que l'on m'a appris, que j'ai été trompé. Une des choses qui me paraissaient tout à fait essentielles dans cet accord avec le Crédit Lyonnais, c'est que j'allais enfin avoir la possibilité de faire faire des inspections. Ces inspections ont été faites, de même qu'il y en a eu aussi de la part de la Commission bancaire [1], et aucune de ces inspections ne m'a véritablement alerté sur la fragilité extrême de ce département immobilier. Au contraire, un éloge appuyé a été fait des deux dirigeants de ce département immobilier. Par conséquent, ces inspections, loin de me poser des questions, m'ont rassuré pleinement sur la qualité des dossiers.

– Un éloge fait par le rapport de la Commission bancaire ?

– Absolument.

– Sur Jean de la Porte des Vaux et son assistant, sur leurs activités et leur efficacité ?

– Absolument... éloge fait également par les inspecteurs du Crédit Lyonnais.

– A quelle époque ?

– C'était en 1991.

Le système de Jean de la Porte des Vaux fonctionne alors depuis sept ans. Un système discret. Une première société, la SAIF (Société Auxiliaire d'Ingénierie Financière), et une deuxième, la SIHF (Société Immobilière

1. Organe de contrôle de la Banque de France.

Hispano-Française), contrôlée par IB.SA. SIHF, SAIF, les noms se ressemblent et introduisent la confusion. A chaque opération, SIHF perçoit sur l'octroi et la mise en place de crédits des commissions qu'elle reverse à SAIF qui les reverse ensuite à la Financière Iéna, une troisième société, société personnelle de Jean de la Porte des Vaux. Le même système est pratiqué par un autre dirigeant dont la structure s'appelle RF-Holding. IB.SA avance les fonds, les deux dirigeants gagnent, au passage, à la fois sur les encours et sur les plus-values. Jean de la Porte des Vaux n'a pas souhaité répondre à nos questions.
En 1991, le parfum délicieux de l'argent disparaît. C'est l'année de la guerre du Golfe. Le monde entier entre en récession. A Londres et à New York, c'est déjà la crise. A Paris, le marché immobilier commence à s'effondrer. Toutes les banques sont touchées, mais le Crédit Lyonnais, plus engagé que les autres, va aussi souffrir davantage. On prévoit alors 10 à 20 % de baisse.

Bernard THIOLON : La crise commençant à s'affirmer en 1991, nous avons commencé à vouloir en savoir plus et à vouloir faire une analyse plus fine de nos engagements immobiliers. Les engagements immobiliers sont codifiés suivant la règle de l'INSEE, et vous aviez à la fois un prêt à une société de travaux publics qui construit de l'immobilier et à un promoteur qui réalise un programme immobilier, ce n'est pas la même chose. Un entrepreneur qui fait de l'immobilier, vous avez la surface de l'entrepreneur, un promoteur vous n'avez pas sa surface, qui d'ailleurs est souvent modeste, vous avez juste l'immeuble. Alors, nous avons commencé à affiner toutes ces données et nous nous sommes aperçus que certains secteurs étaient vulnérables, plus d'ailleurs dans les filiales qu'au Crédit Lyonnais lui-même.

Proche collaborateur de Pierre Bérégovoy au ministère des Finances jusqu'en 1989, Claude Rubinowicz a rejoint la direction générale du Crédit Lyonnais. Il est alors, depuis deux ans, chargé de restructurer le département immobilier.

Claude RUBINOWICZ, *cabinet de Pierre Bérégovoy, puis direction générale du Crédit Lyonnais de 1990 à 1994, conseil en entreprise* : Il faut bien dire, quand on dit crise de l'immobilier, que cela ne veut pas dire que le banquier doit tout de suite tout arrêter. Il y a différents types d'opérations dans le financement immobilier. Il y avait des financements sur des opérations terminées... un immeuble terminé qui était en cours de commercialisation. Il est clair qu'il faut continuer à le commercialiser. Cela prend du temps, mais il faut le commercialiser jusqu'au bout, de façon à ne pas le laisser en déshérence et se détériorer. D'où des frais financiers parce qu'il faut financer le temps d'attente avant la commercialisation finale. Dans d'autres cas de figure, le programme immobilier n'en était qu'au stade du foncier, c'est-à-dire que le promoteur avait acheté le terrain mais n'avait encore rien construit. Compte tenu du ralentissement du secteur immobilier, il ne fallait plus financer un développement immobilier, mais simplement, éventuellement, attendre ou essayer de vendre ce terrain. Troisième cas de figure, celui où une opération immobilière avait déjà été commencée, c'est-à-dire les constructions avaient commencé et n'étaient pas encore terminées. Là, il est fondamental, pour préserver la sécurité des actifs de la banque, de poursuivre la construction, parce que si on la laisse à l'abandon, tout ce qui a été construit va tomber en ruine et sera une perte complète.

Mi-1992, la bulle immobilière éclate. Le gouverneur de la Banque de France, Jacques de Larosière, cherche alors à éviter la panique. Le 20 juillet 1992, au cours d'une réunion extraordinaire à la Banque de France, Jean-Yves Haberer note les consignes du Gouverneur à l'ensemble des banques (privées comme publiques) engagées sur le marché immobilier : « Les rappels de la Commission bancaire en avril dernier n'étaient pas faits pour dramatiser – pas question d'un pourcentage forfaitaire des provisions –, c'est du cas par cas – ligne par ligne –, ne pas aggraver, par des signaux mal compris, la situation des marchés. » Le sous-gouverneur, Philippe Lagayette, insiste : « Pas de globalisation. » Et le secrétaire général de la Commission bancaire, Jean-Louis Butsch, répète deux fois : « Un crédit douteux n'est pas forcément provisionnable. »

Jean-Louis BUTSCH : Personne ne pouvait dire que l'immobilier en France, comme dans beaucoup de pays, allait entrer en crise aussi profondément. Donc, les besoins de provisions sur les facultés de remboursement des emprunteurs, telles qu'on pouvait apprécier ces provisions à cette époque, ne correspondaient pas du tout à ce que l'on peut considérer aujourd'hui, rétrospectivement, compte tenu de la crise profonde qui est intervenue en 1991, 1992, 1993.

François GILLE : La politique sur la place[1] était quand même, à l'époque, d'essayer d'éviter les grands krachs, les grands craquements au niveau des grands promoteurs. Ceci pour éviter que la crise alimente la crise. En exerçant cette action stabilisatrice, les banques, et le Crédit Lyonnais sans doute plus que d'autres, ont évité une espèce de phénomène d'accélération de la crise. Si Paris s'était couvert de chantiers désertés, je dirais, psychologiquement, au niveau de l'opinion publique, l'état de crise s'en serait certainement trouvé très aggravé.

Mais rien n'arrête l'effondrement du marché immobilier. La baisse des valeurs va jusqu'à 50, 60 %. Touchant d'ailleurs plus les immeubles de bureaux que les logements. Touchant tous les promoteurs et toutes les banques. Avec Bouygues, il y a au Crédit Lyonnais un promoteur vedette, ambitieux, aimant le faste, Michel Pelège, dont le Crédit Lyonnais a suivi et soutenu la croissance. L'un de ceux qui voulaient dépasser Bouygues et devenir les rois du BTP. La crise sera, pour lui comme pour d'autres, fatale.

François GILLE : C'était, à nouveau, un groupe complexe avec, à nouveau, des empilements de holdings[2]. J'ai, tout au long de cette expérience, appris à haïr ces empilements de holdings. C'est un signe qui doit rendre, à mon avis, très attentif et très prudent quand il y a trop de holdings qui se superposent. Il y avait des opérations internationales dans les pays de l'Est, il y en avait en

1. L'ensemble des institutions financières.
2. Structure financière contrôlant plusieurs sociétés.

Espagne. Au fur et à mesure que cet audit se produisait, Guy Goirand[1], que je voyais régulièrement, me disait : « C'est pire que 1,7 milliard, c'est pire que 2 milliards, c'est pire que 3 milliards. » Donc, quelques mois plus tard, en septembre ou en octobre 1993, au moment où nous étions en train d'arrêter les comptes du premier semestre 1993, j'ai eu une ultime note de Goirand qui me disait : « Nous avons à peu près fait le tour – ce n'était pas totalement fini –, nous en sommes à 6 milliards de pertes. » Quadruplement des pertes. Je crois que le compte final doit être quelque chose comme 7.

La perte sera finalement de 8 milliards. Mais pour arrêter l'hémorragie et mettre le groupe en liquidation, le Crédit Lyonnais a besoin de la signature de Michel Pelège. Et cette signature a un prix : 18 millions de francs, que le Crédit Lyonnais paiera en trois fois.
Par temps de crise, le Crédit Lyonnais devient le Samu des grands groupes en difficulté. En 1992, la fin de la chaîne de télévision, La Cinquième, met le groupe Hachette de Jean-Luc Lagardère en danger de faillite. Michel Rouger est alors président du Tribunal de commerce de Paris.

Michel ROUGER : Le groupe Lagardère est un groupe énorme. La crise économique se produisant sur une situation de chômage qui était déjà très élevée, imaginez un groupe comme Lagardère en difficulté avec les dizaines de milliers d'emplois qu'il avait. C'était impensable. Donc, je conseille d'accélérer la sortie de cette crise de

---

1. Chargé des dossiers difficiles au Crédit Lyonnais.

La Cinquième, de telle manière qu'on puisse régler très vite, par l'arrivée de l'aide des banquiers, cette faillite qui met en péril le groupe Matra-Hachette. Et je conseille de ne pas attendre que les banques elles-mêmes entrent dans la constatation de leurs difficultés, auquel cas elles deviendront particulièrement frileuses, et le groupe Matra-Hachette risque de ne pas trouver, dans le système bancaire français, l'aide dont il a absolument besoin pour se sauver.

Pour soutenir le groupe Hachette, l'immeuble lui appartenant, boulevard Saint-Germain à Paris, est acheté par un promoteur immobilier lui-même très endetté auprès de la SDBO, filiale du Crédit Lyonnais. Grâce à un nouveau prêt de la SDBO, le promoteur achète au prix fort, 500 millions. Peu après, le marché se retournera. Aujourd'hui, l'immeuble est estimé à la moitié.
Autre opération Samu des grands groupes privés : un immeuble, place d'Iéna à Paris, siège du groupe CFAO, que François Pinault achète en 1990 grâce à un prêt du Crédit Lyonnais. L'achat du groupe a plombé sérieusement les comptes de François Pinault dont le bilan fin 1990 risque d'afficher 1 milliard de francs de pertes. Or, à l'époque, le Crédit Lyonnais est déjà engagé pour 4 milliards auprès du groupe Pinault et peut craindre de tout perdre si les autres créanciers se retirent. La plus-value sur la vente de l'immeuble peut sauver le bilan du groupe. Inscrit dans les comptes pour 60 millions, il est alors estimé à 1 milliard et demi de francs et François Pinault en veut 2 milliards de francs. Mais comme il n'y a pas d'acquéreur, c'est finalement le Crédit Lyonnais qui achète l'immeuble : 1,3 milliard de francs. La vente

est effective, mais le paiement différé de un an. En outre, quand le Crédit Lyonnais revendra, les plus-values seront partagées. En revanche, François Pinault s'engage à prendre les pertes. Peu après, la guerre du Golfe éclate et le marché stagne. Finalement, aidé par un prêt du Crédit Lyonnais, un promoteur privé propose d'en faire un hôtel cinq étoiles. L'opération sera interrompue par les changements de direction et de stratégie du Crédit Lyonnais, en 1994. Aujourd'hui, l'immeuble est toujours en instance de travaux. Il fait partie des actifs du Crédit Lyonnais en souffrance au CDR. Perte estimée à 1 milliard.

Un an plus tôt, fin 1992, pour sauver les meubles, le Crédit Lyonnais a séparé IB.SA en deux, prenant ses meilleurs actifs pour les joindre à ceux d'autres filiales au sein d'une nouvelle société de banque (la banque Colbert), ne laissant à IB.SA que les actifs compromis.

François GILLE : Quand nous avons vu, dans le deuxième semestre 1992, que la crise immobilière s'aggravait, quand nous avons conçu le projet de regrouper un certain nombre de filiales, dont IB.SA, pour améliorer le contrôle du groupe sur elle, nous avons été amenés à distinguer à l'intérieur d'IB.SA ce qui, à l'époque, apparaissait encore sain comme actifs immobiliers, cette partie saine allant à une nouvelle banque, la banque Colbert, et la partie compromise restant chez IB.SA mise en liquidation. Ce partage-là, nous l'avons fait sur la base du rapport de la Commission bancaire.

Le Comité des établissements de crédit, organisme de la Banque de France, met à cette opération de sauvetage d'une banque privée une condition, encore une fois à la charge de la banque publique.

François GILLE : Pour éviter les pertes à l'égard de tiers, nous n'avions comme possibilité que d'assumer ces pertes nous-mêmes. C'est-à-dire de les prendre sur nos propres financements d'IB.SA. Rétrospectivement, je dirais que je ne suis pas très satisfait d'avoir cédé, disons trop facilement, à cette pression. Toujours est-il que nous avons joué ce rôle et que nous avons donc évité toute une série de sinistres en menant à bonne fin les opérations qui avaient été engagées par IB.SA. Et ceci, d'une certaine façon, dans un intérêt de place.

IB.SA, banque privée, coûtera finalement 7 milliards au Crédit Lyonnais, banque publique, contraint par la direction du Trésor et la Banque de France, respectivement organisme de tutelle et de contrôle, d'assumer la responsabilité de ses pertes.

François GILLE : Je pense que la Banque de France avait peut-être des informations sur les problèmes rencontrés par IB.SA au Luxembourg, au moment de l'acquisition, qu'elle aurait peut-être pu nous transmettre et qui nous auraient mis davantage en garde, et nous auraient amenés à être beaucoup plus méfiants à l'égard d'IB.SA, ou peut-être même à refuser la position d'actionnaire de référence.

Dix-huit instructions judiciaires sont actuellement en cours pour les affaires d'IB.SA.

Michel de BREM : Il y a des instructions en cours, qui ne sont pas terminées, qui tendent à prouver que, peut-être, certains collaborateurs de la banque, certains clients de la banque ont profité de cette période faste pour se servir plus qu'ils n'auraient dû.

– Quand et pourquoi est-ce que vous avez été arrêté ?

– J'ai été arrêté en mars 1995, à la suite d'une perquisition chez moi à 6 heures du matin, dans ma maison. On a perquisitionné chez moi, à mon bureau, dans mon coffre de banque et puis j'ai été mis en garde à vue, j'ai été présenté à Eva Joly au bout de deux jours comme il se doit, ou deux jours et demi... parce qu'il y a toujours un peu de rallonge, et elle m'a incarcéré pendant huit jours à la Santé. Je suis persuadé que plusieurs personnes au Crédit Lyonnais ont été convaincues du fait que j'ai détourné personnellement de l'argent. Donc, elles étaient dans leur logique. Je crois que maintenant, à peu près tout le monde a compris que ce n'était pas le cas.

– Devant la commission d'enquête parlementaire, Jean Peyrelevade, actuel président du Crédit Lyonnais, affirme qu'IB.SA était une banque pourrie. Que répondez-vous, M. Lévêque ?

Jean-Maxime LÉVÊQUE : J'ai été scandalisé de voir que Jean Peyrelevade se permettait de dire cela alors que, à cette époque, je n'avais absolument pas de raisons de penser que cette banque était pourrie. On a découvert depuis un certain nombre de choses... qui ne sont pas du tout... normales et qui sont répréhensibles, mais ça a été découvert après une longue, de longues enquêtes... Elles ne me mettent absolument pas... en difficulté en quoi que ce soit, car je les ai ignorées totalement et par conséquent je n'en suis nullement responsable, mais c'est vrai qu'il y a eu un certain nombre de malversations qui ont été décelées par la suite.

Jean-Maxime Lévêque, mis en examen par le juge Eva Joly, a subi quatre mois de détention provisoire. Sans condamnation à ce jour, il reste innocent des accusations portées contre lui.
7 milliards de francs de pertes pour IB.SA, 8 pour Pelège, 3 à 4 pour la SDBO, c'est au total 25 milliards de francs de pertes immobilières selon l'estimation actuelle. La facture est lourde pour le Crédit Lyonnais, plus engagé que les autres. Mais la crise a touché toutes les banques. Rappelons aussi que, jusqu'en 1996, les valeurs n'ont cessé de se déprécier et précisons encore que ce n'est qu'après la vente de tous les actifs que le chiffre exact des pertes sera enfin connu.

Chapitre 3

Jeunes loups et grands fauves

Comme toutes les banques, mais plus que les autres, le Crédit Lyonnais, banque publique, et ses filiales ont aidé, au cours des années 80, à la transformation profonde du panorama industriel français et la naissance d'un nouveau capitalisme. En quelques années à peine, de nouveaux groupes industriels sont nés. Des fortunes se sont faites. Et surtout un nouveau type d'hommes d'affaires est apparu.

Jean DEFLASSIEUX : Bernard Tapie, on savait que c'était un homme qui était un repreneur, qui désossait les entreprises pour en faire quelque chose, avec succès parfois. On savait que le personnel en souffrait, mais enfin... ça ne touchait pas à sa réputation d'honorabilité. Il y avait d'autres bruits qui avaient circulé. Bien entendu, on savait. J'avais vu sa photo dans les journaux, on avait parlé de lui à propos des armes et cycles à Saint-Etienne, la Manufacture qu'il voulait reprendre. On avait entendu parler de lui pour d'autres affaires. Je me souviens de Bokassa dont il voulait racheter les châteaux. C'est tout. C'était une figure pittoresque du petit monde des affaires, des affairistes.

– Qu'est-ce que vous en pensiez, à l'époque ?

– Rien. La faune financière est comme ça. Il y a des météores qui passent avec plus ou moins de talent, avec un destin plus ou moins grand. On regarde, on a entendu parler de tas de gens, vous savez... qui sont devenus bien ou qui ont disparu.

Pierre Despessailles a été pendant 23 ans (1969-1992) directeur général de la SDBO, filiale à 100 % du Crédit Lyonnais. Principal banquier de Bernard Tapie, il avait spécialisé sa banque dans le soutien aux repreneurs d'entreprises en difficulté.

Pierre DESPESSAILLES : Il y a deux manières de gagner de l'argent quand on reprend une entreprise. Premièrement, vous achetez pour 1 franc, éventuellement avec du passif, mais du passif qui peut s'étaler sur cinq ans ou dix ans. Par conséquent, vous avez différentes tranches à payer, vous essayez de remettre l'outil en état, et puis ensuite vous le revendez. Vous le revendez 100 francs ou 150 francs et vous gagnez 150 francs moins ce que vous avez pu investir dans l'opération, mais en tout cas ça peut être très très rentable. C'est ce qu'on appelle les affaires en retournement. Les affaires en retournement sont des affaires qui sont en général très rentables. La seconde manière de gagner de l'argent, c'est que vous avez un concordat, donc vous payez sur dix ans, huit ans ou sept ans. Vous rachetez des créances. Autrement dit, vous avez une créance sur une société qui est en concordat, votre créance est de 1 000 francs. Vous allez être payé de vos 1 000 francs sur dix ans, 100 francs par an. Je viens vous voir et je vous dis : « Vous avez une créance de 1 000 francs, je vous rachète votre créance 300 francs, 400 francs. » Vous me répondez : « Moi, je préfère toucher 300 francs ou 400 francs tout de suite que de toucher 50 francs cette année, 50 francs l'année prochaine, 100 francs dans deux ans, etc. » Et vous me cédez votre créance. Cette créance fait que moi, Tapie, je deviens créancier de ma propre entreprise. Si l'entreprise repart, je peux éventuellement aller plus vite pour me rembourser, etc., et je fais une deuxième plus-value. Je fais une plus-value sur le rachat que j'ai fait des créances qu'on m'a cédées. Tout ça n'est peut-être pas très moral, si vous voulez, sur le plan des affaires c'est légal, c'est ce qui existe et c'est ce qui permet à des entreprises de démarrer. Si des repreneurs n'avaient pas de bénéfices sur une opération, comment feraient-ils ? Pourquoi est-ce qu'ils le feraient, d'une part ? Et comment feraient-ils fortune ? Comment croyez-vous que Arnault a fait fortune avec LVMH ? Comment croyez-vous que Pinault a fait fortune de son côté ? Exactement avec des procédés de ce genre. Pas d'autres.

En quelques années, grâce au soutien de la SDBO, Bernard Tapie rachète une série d'entreprises en difficulté. Manufrance, La Vie Claire, Testut, Terraillon, Wonder, Mazda, Look, Donnay. Les rachats sont faits à la barre du Tribunal. Pierre Despessailles, son principal banquier, a été juge au Tribunal de commerce de Paris. Rappelons que ce sont les tribunaux de commerce qui jugent les faillites et les reprises.

Pierre DESPESSAILLES : Il n'y a eu, je tiens d'abord à le préciser, strictement aucune relation entre ma position au Tribunal de commerce, qui a duré jusqu'en 1982, et les opérations qu'on a pu faire avec Tapie. Pour la bonne raison que jamais une des reprises faites par Tapie n'a été faite devant le Tribunal de commerce de Paris. Par conséquent, je n'ai jamais eu à intervenir dans un sens ou dans un autre pour qu'une affaire soit confiée à Tapie ou non étant donné qu'il n'y a aucun lien avec le Tribunal de commerce de Paris pendant cette période.

Jean DEFLASSIEUX : Un jour, lorsque j'étais président du Lyonnais, en 1982-1983, un personnage important, je ne sais plus si c'était un directeur de cabinet ou un secrétaire d'Etat quelconque, m'a dit : « Il paraît que c'est le Crédit Lyonnais qui soutient Tapie. » Je réponds : « Je n'en ai jamais entendu parler. » J'ai demandé au comité de direction générale où siégeaient les sept ou huit grands chefs, directeurs centraux, du Crédit Lyonnais – international, national, province, affaires financières... tout ça –, le petit gouvernement du Crédit Lyonnais. Personne n'en avait entendu parler. J'ai posé la question et, deux jours après, le responsable des grandes entreprises et de la SDBO m'a dit : « C'est chez moi. » J'ai demandé : « Combien ? » Il n'y a pas d'autre question à poser : « Combien ? » C'était autour de 200 à 300 millions de francs. « Mais rassurez-vous, c'est garanti. » J'ai regardé. Les garanties étaient bien légères, mais l'affaire était *in bonis*, apparemment.

Pierre DESPESSAILLES : C'est la Cour des comptes qui l'a dit : « L'équilibre entre les crédits et la valeur des gages était bon sur le groupe Tapie jusqu'à l'opération Adidas en 1990. » Autrement dit, la Cour des comptes estime que, pour la période 1977-1990, c'est-à-dire pendant 13 années, la banque n'a pas pris de risque avec Tapie, ce qui est parfaitement exact, et que ces risques étaient bons. La valeur des gages qu'elle avait, des garanties qu'elle avait, couvrait ses débits et ses crédits.

Jean DEFLASSIEUX : Il était *in bonis*, il valait les 200 ou 300 millions qu'on lui prêtait. Il était entouré d'une bonne équipe, il l'animait convenablement, il connaissait ses dossiers, il connaissait ses chiffres et il ne faisait pas d'opérations anormales. Il n'y avait pas de déséquilibre. C'est tout.

– 200 millions, c'était un très gros client.

– Non. Un gros client, mais pas un très gros.

Jean-Paul Amiel, aujourd'hui à la retraite, a fait toute sa carrière au Crédit Lyonnais dont il n'a connu que les belles années et qu'il a quitté en 1989. Directeur général adjoint chargé du réseau France hors région parisienne, il a accompagné l'ascension de François Pinault, aujourd'hui devenu l'homme le plus riche de France.

Jean-Paul AMIEL : J'ai dû rencontrer François Pinault vers la fin de l'année 1981, début 1982. A l'époque, il était encore un petit entrepreneur breton localisé à Rennes. Il avait, en fait, déjà commencé son ascension, car nous étions à cette époque en pleine crise de la filière bois. A ce titre, il avait commencé à reprendre toute une série d'affaires en difficulté. Il les reprenait et il les redressait, et nous sommes entrés en relation car, à un moment donné, il a repris deux affaires beaucoup plus importantes dans lesquelles le Crédit Lyonnais était très fortement engagé, à la fois comme prêteur et comme actionnaire. A ma très grande surprise, il a réussi le redressement de ces deux affaires en un temps record. C'est à partir de là qu'il y a eu entre lui et moi un certain déclic. J'ai commencé à me dire : « Cet homme-là a vraiment des capacités de manager assez exceptionnelles pour réussir là où d'autres ont jusqu'à maintenant échoué. »

Avec le soutien du Crédit Lyonnais, l'ascension de François Pinault commence, reprenant avec succès des entreprises de plus en plus importantes et chères. Isoroy d'abord. Redressée en un an, un quart des emplois supprimés et 250 millions d'aides publiques. François Pinault y gagne un surnom : « le Tapie de l'aggloméré ». Un an plus tard, il s'attaque à beaucoup plus gros : La Chapelle Darblay, la plus grosse entreprise française de pâte à papier. Avec plus de 7 000 emplois dont 1 300 dans la seule région de Rouen, cette entreprise représente un gros enjeu. Elle a déjà coûté plus d'un milliard de francs en aides publiques. Un gros enjeu et un gros morceau.

Jean-Paul Amiel : C'était le jour de la Toussaint 1987. J'étais chez moi en province et François Pinault me téléphone en me disant : « Je suis au ministère de l'Industrie, je suis en train de parler du dossier Chapelle Darblay. Nous avons bien avancé. Je peux donc faire l'opération, mais, bien évidemment, il faut que je donne au ministre (qui était à l'époque Alain Madelin), l'assurance qu'une banque, en l'occurrence le Crédit Lyonnais bien sûr, me suive dans cette affaire et me consente des crédits complémentaires pour pouvoir assurer la remise en ordre de l'affaire. » Je crois, de mémoire, qu'il s'agissait de consentir dans les 300 millions de francs de crédit, en plus de ce qui existait déjà. C'était donc un pari considérable et il fallait donner la réponse sur-le-champ puisqu'il y avait, semble-t-il, un autre concurrent sur les rangs. J'ai demandé quand même une réflexion d'un quart d'heure. J'ai réfléchi et puis je me suis dit finalement : « Est-ce qu'on joue la carte ou est-ce qu'on ne la joue pas ? » Et finalement, j'ai décidé de la jouer. C'est ainsi que j'ai donné un accord, le jour même de la Toussaint. J'ai rappelé un quart d'heure après, j'ai donné un accord et François Pinault a pu faire l'opération Chapelle Darblay. Dans les reprises d'affaires telles que Isoroy et La Chapelle Darblay, nous étions très engagés, donc si les affaires en question capotaient, on perdait des sommes très importantes. Le fait que François Pinault les reprenne et les redresse nous restituait nos concours. S'il y avait, mettons, 100 de concours, si j'en rajoutais 30, évidemment, j'accroissais le risque de 30 %. Mais j'avais peut-être aussi la chance de récupérer les 130. Ce qui s'est produit à chaque coup, car François Pinault, à chaque fois, a remboursé rubis sur l'ongle l'ensemble des concours qui lui ont été faits.

Achetée 550 millions et revendue peu après à deux groupes scandinaves, La Chapelle Darblay laisse à François Pinault une plus-value de 525 millions de francs.

Jean-Paul AMIEL : Il a revendu La Chapelle Darblay en 1987, si j'ai bonne mémoire, ou 1988. Et peu de temps après les cours de pâte à papier se sont effondrés. C'est donc un homme qui a un flair considérable. Même chose alors qu'il était devenu numéro un de la filière bois en France. A un moment donné, cet homme qui était pourtant installé et qui d'ailleurs gagnait de l'argent a dit : « Finalement, l'avenir ne se situe plus là. Il se situe maintenant dans la distribution. » Et c'est comme ça qu'un des premiers certainement à l'époque, il a pris le virage de la distribution en abandonnant, il faut bien le dire au passage, tous ses métiers de base.

Il rachète alors la CFAO, un groupe de distribution en Afrique, 25 milliards de francs de chiffre d'affaires. Puis c'est Conforama, et finalement le Printemps, peut-être le coup le plus brillant.

Jean-Paul AMIEL : Pour expliquer, il faut dire qu'auparavant il avait racheté Conforama à Bernard Arnault. Conforama, qui était dans l'ancien empire Boussac, ne convenait plus très bien à Bernard Arnault qui, lui, était, à ce moment-là, complètement orienté vers les affaires de luxe. Donc il voulait s'en défaire. C'est d'ailleurs moi-même qui en ai parlé à François Pinault, puisque j'étais en relation avec les deux hommes. Et François Pinault a vu dans Conforama une première, enfin une deuxième marche importante, après la CFAO. Donc, ils ont fait affaire. Il a repris Conforama. Il avait entendu dire, à un moment donné, que la famille Mauss, qui détenait autour de 40 % du Printemps, souhaitait se désengager, elle-même ayant d'autres opérations à régler par ailleurs, je crois notamment aux Etats-Unis. C'est à partir de cette annonce que François Pinault a eu l'idée d'apporter Conforama, que le Printemps guignait depuis un certain temps, qui convenait bien et qui faisait une synergie, disons importante, avec le Printemps qui, lui-même, à l'époque, recherchait un développement de chiffre d'affaires. Son idée a été premièrement de dire : « J'ai quelque chose qui peut intéresser le Printemps. Je le lui apporte et avec l'argent que je retire de la vente de Conforama j'entre dans le Printemps, notamment en rachetant à la famille Mauss ses 40 %. » Voilà quelle était l'opération. On peut qualifier cette idée d'assez géniale car, en vendant Conforama, François Pinault entrait dans le Printemps, mais du même coup retrouvait Conforama, puisqu'il devenait le principal actionnaire du Printemps.

Donc, François Pinault revend Conforama au Printemps pour, à peu près, son prix d'acquisition, 4,4 milliards de francs. Mais il lui manque encore 1 milliard pour s'emparer du groupe. Il a donc, une fois de plus, besoin du Crédit Lyonnais. Nous sommes en 1991 et Jean-Yves Haberer est depuis trois ans président de la banque publique.

Jean-Yves Haberer : Tous les analystes financiers considèrent que Pinault est déjà au maximum de l'endettement possible et qu'il ne peut pas s'endetter beaucoup plus, quelle que soit la qualité de l'entreprise qu'il cherche à annexer. Il est clair que l'opération ne peut pas être financée uniquement par des crédits, crédits qui, je le rappelle, sont faits par les trois grandes banques et pas par le Crédit Lyonnais tout seul ; mais qu'il faut aussi du capital. Donc l'idée vient naturellement, simultanément je dirais, parce que c'est tellement évident à Pinault et au Crédit Lyonnais qu'il faut une grosse mise en capital du Crédit Lyonnais dans le système Pinault. Il faut un milliard. Ce milliard, il faut le loger à un endroit stratégique. Ce n'est pas dans le Printemps qu'il faut le loger, c'est au-dessus, au sommet du système Pinault. Le sommet du système Pinault, c'est une *holding*, une compagnie financière qui tient en portefeuille toutes les activités des entreprises du groupe Pinault, qui s'appelle la Financière Pinault et qu'il faut donc ouvrir à un minoritaire, et quel minoritaire ? le Crédit Lyonnais. Donc, nous prenons avec le milliard 25 % de la Financière Pinault et nous ne les prenons pas sans clauses protectrices. Ce n'est pas une société cotée, c'est une société familiale dans les mains de François Pinault. Malgré la qualité de nos relations et la confiance qui règne entre nous, nous ne pouvons pas ne pas prendre des précautions pour être un minoritaire très protégé. Donc, nous les prenons. Nous les imposons. C'est à prendre ou à laisser, naturellement.

C'est Loïc Deraison, directeur général de Clinvest, filiale du Crédit Lyonnais, qui est chargé de mettre au point ce contrat protégeant la participation minoritaire du Crédit Lyonnais au sein de la Financière Pinault. Nous sommes en 1991.

Loïc Deraison : A l'époque, l'endettement du groupe doit être voisin de 18 milliards, la part du Lyonnais doit être de 55 à 60 %. Donc, nécessité de conforter le crédit du groupe. Deuxième élément : la rentabilité. Asseoir le crédit du groupe et toujours favoriser les développements de valeur ajoutée et de rentabilité. Donc, les conditions sont que Pinault est commanditaire par rapport à son groupe familial et il nous faut verrouiller, en quelque sorte, le futur en imposant une règle de rentabilité qui puisse, bon an, mal an, apporter de l'ordre de 80 millions de francs par an, en rendement de ce capital. En gros 8 %.

Des clauses « très spéciales » que François Pinault est bien « contraint et forcé » d'accepter, donnant donc à cet apport en capital du Crédit Lyonnais la même rentabilité qu'un prêt à 8 %. D'autre part, le Crédit Lyonnais a un droit de veto sur la stratégie du groupe. Tout nouvel endettement, ainsi que la nature des dépenses, doivent recevoir son accord. Deux représentants du Crédit Lyonnais siègent au conseil d'administration. Enfin, si Pinault veut céder une partie de ses parts, il doit d'abord les proposer au Crédit Lyonnais. Les gros achats supposent de gros chèques.

Loïc DERAISON : Le jour du *closing*[1], le rachat des parts de la famille Mauss par François Pinault se passe dans un environnement où il y a beaucoup de monde. Il y a toutes les parties et leurs avocats dans un grand cabinet d'avocats. Tout est arrêté, les contrats sont définitifs, le responsable de l'agence centrale rédige le chèque. Nous sommes surpris par l'orthographe... n'étant pas habitués à faire des chèques de 3,3 milliards. Nous ne savions pas s'il fallait mettre un *s* à milliard ou pas. Bref, le chèque est remis à François Pinault, lequel le remet à Bertrand Mauss, qui est le vendeur, lequel le remet au Crédit Lyonnais.

1. Échéance.

Jean-Yves HABERER : C'est donc une très bonne affaire pour lui. C'est aussi une très bonne affaire pour le Crédit Lyonnais, et c'est un des plus gros partenariats de banque-industrie qu'on ait eus.

Loïc DERAISON : Le Lyonnais n'a jamais perdu d'argent avec ce partenaire tout à fait prestigieux aujourd'hui. Et en a gagné beaucoup.

François Pinault rachètera ensuite, en Bourse, les parts restant du groupe Printemps-La Redoute. Le groupe devient alors PPR, c'est-à-dire Pinault-Printemps-La Redoute.

Jean-Paul AMIEL : Il faut bien voir que ces deux opérations ont eu un effet boomerang sur sa position et sur son chiffre d'affaires. Je pourrais vous dire que cet homme, en 1964, réalisait à Rennes un chiffre d'affaires de l'ordre d'un million de francs. En 1980, il était passé à un milliard de francs. Vers les années 90, il a bondi à 40 milliards de francs. Aujourd'hui, l'ensemble Pinault-Printemps-Redoute va représenter, cette année, après la reprise de Guilbert notamment, un chiffre d'affaires de 90 à 100 milliards de francs. Je mets de côté sa holding et Artémis qui réalise aussi un chiffre d'affaires considérable, à la fois en France et aux Etats-Unis. Donc, le Crédit Lyonnais a eu, depuis une quinzaine d'années ou plus maintenant, beaucoup de retours en termes d'opérations, avec des commissions, des agios très importants. Mais ce qu'on visait surtout, c'était de prendre pied auprès d'un homme aussi entreprenant, qui était manifestement promis à un très bel avenir, encore que je n'imaginais pas, à l'époque, qu'il puisse aller aussi loin. Mais c'était certainement quelqu'un qui allait monter un empire.

L'Empire Pinault : au sommet la Financière Pinault, détenue à 75 % par François Pinault et 25 % par le Crédit Lyonnais. La Financière Pinault partage encore avec le Crédit Lyonnais Artémis : 75 % pour la Financière Pinault, 25 % pour le Crédit Lyonnais. Artémis contrôle PPR coté en Bourse, qui regroupe une bonne dizaine de sociétés dont le Printemps - La Redoute - Conforama - Prisunic (récemment revendu) - Pinault Distribution - CFAO - Rexel et la FNAC... Artémis, d'autre part, contrôle les sociétés non cotées : Château Latour, Christies et les sociétés américaines. Un empire de 50 milliards de francs commencé avec 100 000 francs seulement et construit grâce au soutien constant des banques et plus particulièrement du Crédit Lyonnais. Un gros, un très gros client.

Autre condottiere des années 80, François Marland. Jeune, brillant et séduisant avocat tenté par les affaires, il fait partie du groupe de tête de ces nouveaux bâtisseurs d'empires industriels. Il a commencé avec un prêt de 300 000 francs du Crédit Lyonnais. Dix ans plus tard, il a déjà racheté près de 150 sociétés, qu'il veut alors restructurer au sein d'un grand groupe de distribution.
Son énergie et ses projets séduisent Jean-François Hénin, directeur général d'Altus, filiale du Crédit Lyonnais.

Jean-François Hénin, *directeur général d'Altus de 1990 à 1993, président de la Société d'électricité et des eaux de Mada-*

gascar : Il y a un livre qui date de la fin 1992[1] qui le compare à François Pinault, à Bernard Arnault et à d'autres gens qui étaient en vogue à l'époque. Parmi ses projets, il y avait l'idée de développer un groupe de distribution, plus exactement de grossistes, pour alimenter les commerces de proximité. Il faut voir que, au début des années 90, l'ensemble de ce métier de grossistes était en train de se modifier radicalement sous l'influence de l'expansion du leader national qu'était Promodes. Et cette situation avait fragilisé l'ensemble du secteur et donc donné une chance raisonnable à un investisseur déterminé à construire, à un coût raisonnable, un concurrent de Promodes. C'était l'idée de Marland et c'est une idée qui nous a séduits.

Altus finance donc, en 1991, l'acquisition par Marland de Disco, un important groupement de grossistes de proximité.

François MARLAND, *avocat, homme d'affaires* : On avait racheté la filiale gros de Rallye, on rachetait la filiale gros de Disco et tout cela participait à un plan sur sept ans de faire 7 milliards de francs et de devenir un acteur incontournable dans tout le Centre sud-ouest, de devenir un acteur, un des trois acteurs français de l'activité gros avec BRMC et Médis. Marland-Distribution détenait sept pôles dont Disco était l'essentiel avec 6 milliards de chiffre d'affaires. EDA faisait 1 milliard de chiffre d'affaires et il y avait des pôles de distribution de détergents, de vête-

1. *Les Nouveaux Condottieres, dix capitalistes des années Mitterrand*, de Christie Kerdellant, éd. Calmann-Lévy.

ments, des pôles immobiliers et des pôles industriels. Ce que nous avons racheté également dans Disco, c'est, outre 1 milliard et demi de chiffre d'affaires, 50 personnes qui travaillaient depuis 20 ans dans la distribution de grossistes, des services marketing, des services juridiques avec trois, quatre juristes, des services produits propres. On a repris une vraie structure, et cette vraie structure était mobilisée énormément sur le dossier Escoulan à partir de mars.

Escoulan est une société de distribution dans le Sud-Ouest, dont Marland attend le dépôt de bilan pour la reprendre à la barre du tribunal, sur les conseils du Crédit Lyonnais, et élargir pour agrandir son groupe.

François MARLAND : Nous travaillions beaucoup avec le Crédit Lyonnais, puisque c'est le Crédit Lyonnais qui nous a épaulés, qui a analysé le groupe avant l'entrée d'Altus, c'est le Crédit Lyonnais qui a fait pendant 3 mois toute l'analyse du groupe et le Crédit Lyonnais nous a avertis qu'Escoulan pouvait connaître un certain nombre de difficultés, qu'il n'était pas inintéressant de s'y intéresser. Donc, nous avons rencontré la famille Escoulan, c'est-à-dire le père et le fils. Et nous avons démarré l'opération Escoulan avec beaucoup de surprises. Nous avions budgétisé des pertes, c'est ce qu'on oublie un peu dans ce groupe. Nous avions budgétisé des pertes liées à 1 300 licenciements qui étaient prévus et au regroupement d'environ sept entrepôts, puisque l'entrepôt central d'Escoulan était de 55 000 m^2, ce qui est énorme. Donc, nous fermions les entrepôts périphériques, tout en conservant certains d'entre eux puisque les camions ne devaient pas faire plus de 200 kilomètres, sauf à perdre de la rentabilité de livraison. Nous étions sur un *trend* (flux financier) important, de 5 millions de pertes par mois, ce qui était budgétisé. J'ai appris aujourd'hui qu'il y avait 200 millions de pertes.

François Marland pour plus des deux tiers et Altus pour un quart détiennent le groupe Marland Distribution. Altus à nouveau pour un quart et Marland Distribution détiennent Disco qui lui-même détient Escoulan. Avec 7 milliards de bilan, le groupe est alors en passe de devenir le deuxième groupe de distribution en France. Mais il a sans doute grandi trop vite et il faut maintenant le réorganiser. Une tâche que son banquier, Jean-François Hénin, juge trop lourde pour François Marland. Il pousse à l'écarter de la direction du groupe.

François Marland : J'étais effectivement fatigué, mais je ne travaillais pas moins pour autant. Le problème que m'avait mis en exergue Hénin, c'est que je n'avais pas de second. Nous avons d'ailleurs, avec l'aide du Crédit Lyonnais et d'Altus, cherché des seconds, des gens qui seraient des spécialistes de la distribution et qui pourraient me seconder, prendre une partie des problèmes à régler. Nous n'avons pas trouvé.

– Vous demandiez combien pour sortir ?

– La valorisation du groupe, des 66 % dont j'étais propriétaire, était de 300 millions sur une valorisation globale qui avait été validée, en janvier 1992 et en août 1992, à 450 millions.

– Et Jean-François Hénin vous proposait combien ?

– Il ne faisait pas de proposition. Il disait que le prix

était trop élevé. *In fine, in fine* apparemment, MM. Seys[1] et Hénin ont décidé que ma valorisation valait moins que celle qui était dans les documents, puisqu'on m'a donné net 142 millions de francs pour les 66 %, pour sortir alors que je maintenais que ça valait 300 millions de francs.

Altus reprend alors 100 % des parts de Marland Distribution et, par conséquent, 100 % de Disco et d'Escoulan. Reste à trouver un gestionnaire.

Jean-François HÉNIN : Nous ne pouvions pas laisser un groupe qui faisait 6 ou 7 milliards de chiffre d'affaires, qui avait plusieurs milliers de personnes et qui approvisionnait plusieurs milliers de magasins de proximité, sans direction. Nous avons fait appel, à l'époque, à un groupe de quatre gestionnaires professionnels qui ont pris en charge le problème Marland.

– Les quatre mousquetaires ?

– Ceux qui ont été connus sous le nom de quatre mousquetaires.

Franck Ullmann, homme d'affaires, l'un de ceux qu'on a surnommé les « quatre mousquetaires ». Quatre associés, déjà partenaires d'Altus sur d'autres affaires. Jean-Pierre Andrevon et Gilles Silberman ont été les deux plus proches collaborateurs de François Pinault au début

1. Président de la compagnie d'assurances Maaf qui servait de médiateur entre Marland et Hénin.

de son ascension, avant de se séparer en cours de route. Désormais ils chassent sur des terres voisines.

Franck ULLMANN : Ce qu'il faut savoir, c'est qu'à cette époque, en décembre 1992, le groupe que nous dirigeons a été construit en trois années, en partenariat avec Altus qui a financé toutes nos acquisitions. Le groupe supporte 2 milliards de francs d'endettement avec comme seul créancier Altus Finance. Notre interlocuteur, Claude-Eric Paquin, président du directoire d'Altus, nous fait comprendre qu'il faut que nous leur donnions un « coup de main » et, que nous avons trois minutes pour nous décider ! Nous sommes coincés et, à l'issue du déjeuner, nous lui disons « Ecoutez, donnez-nous les dossiers afin que nous puissions analyser la situation ». Nous passons deux ou trois jours à analyser les dossiers. Il apparaît alors clairement que les 100 millions de pertes annoncées pour 1992 sont illusoires et que les pertes sont largement plus importantes. Par ailleurs, nous refusons de reprendre la Financière Marland car nous ne savons pas ce qu'il y a dedans. Enfin, le groupe détient la société Escoulan qui a fait l'objet d'un plan de continuation en mars 1992 et qui se trouve être dans une situation critique qui pourrait entraîner tout le groupe.

François MARLAND : Il fallait restructurer, il fallait licencier. Ce n'est pas drôle. Il fallait licencier 1 300 personnes, il fallait fermer des entrepôts, il fallait en réunir d'autres, il fallait réarbitrer des zones de marchandises. Nous l'avions commencé et nous avions les pertes que nous avions prévues à l'époque, je n'ai plus les chiffres en tête, qui devaient être de 179 millions sur le groupe Disco.

Les quatre imaginent un montage pour reprendre Disco en effaçant les dettes d'Escoulan. C'est d'abord la cession d'Escoulan détenu par Disco à Marland Distribution puis, quelques jours plus tard, le dépôt de bilan d'Escoulan. Le second déjà de cette entreprise.

Jean-François HÉNIN : Concernant le montage qui a été fait pour la reprise du groupe Marland, nous avons mis en place un système basé sur des fonds hollandais, à la demande de la structure Crédit Lyonnais, parce que cette opération s'est faite à la suite du dépôt de bilan d'Escoulan qui avait été repris quelques mois plus tôt par le groupe Marland. Le Crédit Lyonnais ne voulait pas savoir qu'une de ses filiales allait financer cette opération dans laquelle un certain nombre de clients du groupe allaient avoir à subir des pertes. Donc, on a choisi cette structure qui permettait de cacher aux yeux de ses propres clients l'intervention du Crédit Lyonnais.

L'opération consiste à créer deux sociétés hollandaises – Pancho et Hornebeam –, propriété à 100 % des quatre mousquetaires. Elles bénéficient aussitôt d'un prêt de 1,25 milliard de francs par la banque Altus. Pancho reprend Disco. Et Hornebeam reprend, pour un franc, les actifs d'Escoulan dont les dettes sont effacées. Les sociétés hollandaises font un écran devant une opération qui se déroule dans un contexte social tendu. Elles servent aussi à cacher aux créanciers d'Escoulan, dont certains sont clients du Crédit Lyonnais, le double rôle d'Altus dans cette opération.

Jean-François HÉNIN : Cette opération a été soumise au Trésor et bénie par lui.

Franck ULLMANN : A l'égard du Trésor, de mémoire, Claude-Eric Paquin informe Christian Noyer. Jean-Pierre Andrevon et Paquin rencontrent Noyer pour lui décrire l'ensemble du schéma.

Christian Noyer est alors directeur du Trésor, l'administration qui exerce la tutelle du ministère des Finances sur les banques publiques. Par lettre, la direction d'Altus lui précise : « Le montage financier fait intervenir des structures non résidentes pour des raisons de confidentialité, tant vis-à-vis des fournisseurs que du marché. » Le montage comprend une dernière phrase, encore plus discrète. Escoulan, rachetée pour 1 franc, est revendue quelques mois plus tard à une autre société des quatre mousquetaires. Avec une bonne plus-value.

Franck ULLMANN : Cette plus-value a été de 49,8 millions de francs. Cette plus-value est légale et doit être comparée à la création de valeur. Quatre personnes travaillent sur des entreprises pour les restructurer. Au moment où ils reprennent ces entreprises, elles sont au bord du dépôt de bilan et elles peuvent être estimées à moins d'1,5 milliard, ou moins de 2 milliards de francs. Un an après, à l'issue d'une restructuration lourde et d'un certain nombre d'actions engagées, ces entreprises sont évaluées à 200 millions de francs. Nous n'avons pas perçu de salaires, nous n'avons pas perçu d'avantages. Est-ce que 50 millions répartis entre quatre, pour avoir créé une valeur ajoutée de plusieurs milliards de francs, est quelque chose d'aberrant ?

Trois ans plus tard, quand le Crédit Lyonnais sera au bord de la faillite, Dominique Bazy, le bras droit de Jean Peyrelevade, nouveau président de la banque publique, déposera le bilan de Disco.

Dominique BAZY, *membre du comité exécutif du Crédit Lyonnais de 1993 à 1995, directeur général des AGF, bras droit du nouveau président* : Comme nous n'arrivions pas à obtenir les vrais chiffres sur cette structure de la part des gestionnaires qui géraient, en fait, pour compte[1], j'ai décidé de rapatrier chez Altus cette structure. C'est là que nous avons connu la véritable situation. Cette entreprise était, malheureusement, intrinsèquement inredressable. Trop petite, trop chargée en frais généraux, elle n'avait, dans le monde de la grande distribution, aucune chance de se développer. Nous avons d'abord tenté une première chose : la vendre pour l'adosser[2] à un groupe plus important, y compris d'ailleurs la vendre pour très peu d'argent, ou même éventuellement en payant. Nous n'avons trouvé aucun candidat, aucune candidature sérieuse pour la reprendre soit en partie, soit en totalité. Nous avons essayé de faire en sorte que les choses ne se passent pas trop mal pour les salariés. Je ne peux pas vous dire qu'on y ait réussi.

– Il y a eu des indemnités versées ? De quel ordre ?

1. Gérer pour un commanditaire.
2. Chercher un appui financier.

– Bien entendu, il y a eu des indemnités. Globalement, nous avons consacré à ces indemnités 140 millions de francs, qui ont été pris en charge par le Crédit Lyonnais. 140 millions de francs pour à peu près 1 000 personnes, cela représente 140 000 francs par personne.

– Vous aviez, pour 1 000 personnes, la même somme que celle qui avait été donnée en indemnisation ou en rachat de ses parts à François Marland.

– C'est exact. Je ne suis évidemment pas fier de cette comparaison, mais je n'ai pas payé François Marland. Ce sont mes prédécesseurs... enfin, c'est l'ancienne gestion du Crédit Lyonnais qui a payé les 140 millions à François Marland.

Retour à Bernard Tapie. Jusque-là, pour lui aussi tout va bien.

Le 7 juillet 1990, Bernard Tapie profite de la finale de la Coupe d'Europe de football pour annoncer l'achat d'Adidas, ex-numéro un de la chaussure de sport, en difficulté depuis la mort de son créateur. Il en a obtenu un très bon prix, 30 % moins cher que la valeur réelle. « On va pouvoir financer cette acquisition, la moitié par des fonds propres qui nous appartiennent, parce que si on s'est rendus liquides[1], c'est peut-être pour faire des acquisitions. Tout le monde me le reprochait d'ailleurs, on disait : "Ah oui, il n'y a plus que de l'argent dans la caisse et il n'y a plus d'affaire." Et deuxièmement, l'emprunt correspond à peine à la moitié du prix total, remboursable à peu près sur deux ans. »

Un très bon prix, 1,6 milliard, dont il n'a en fait pas

1. Rendre liquide signifie rendre des actifs négociables.

le premier sou. Car il compte sur son banquier, Pierre Despessailles.

Pierre DESPESSAILLES : Je l'ai appris en écoutant la télévision. A Rome, Bernard Tapie avait dit que, etc. Le lendemain, il m'a téléphoné en disant : « Je veux vous voir. » Et il m'a expliqué que c'était l'opération du siècle, que c'était merveilleux, qu'il avait fait un truc extraordinaire, qu'il avait réussi une négociation parfaite, qu'il allait m'en fournir les preuves, etc. Et puis, il nous a montré quand même un certain nombre d'éléments qui nous ont amenés à penser qu'effectivement il avait réussi une négociation assez étonnante.

– A ce moment-là, il vous demande la totalité de la somme ?

– Non, il savait bien que nous ne le ferions pas. « Il me faut 1,6 milliard pour payer les sœurs Daessler[1]. » Il savait bien que la SDBO ne le ferait pas. Par conséquent, il m'a dit : « Montez un pool bancaire, faites ce que vous pouvez pour essayer de faire cette opération. »

Le pool monté rapidement par Despessailles compte sept banques. Trois françaises : la SDBO, filiale du Crédit Lyonnais, pour 500 millions ; la banque générale du Phénix, filiale des AGF, pour 250 ; la BNP pour 200. Deux banques japonaises, Bank of Tokyo pour 200 et Long term credit bank pour 150 millions. Et deux allemandes, Hyppobank et Bayerische Vereinsbank, apportent les 200 millions restants à BTF SA, la société de Bernard Tapie. Celle-ci détient 100 % d'une deuxième société de

1. Vendeurs d'Adidas.

droit allemand créée pour la circonstance (BTF GmbH) qui est elle-même propriétaire à 80 % d'Adidas.

Pierre DESPESSAILLES : Donc on monte ce pool à court terme, c'est-à-dire remboursable en partie : 600 millions environ au bout d'un an et le reste, 1 milliard, au bout de deux ans. Pourquoi ? Parce que la condition qu'on avait mise auprès de Bernard Tapie, c'était qu'il se consacre à Adidas, c'est-à-dire qu'il vende ses autres participations. En fixant une échéance courte, on l'obligeait à vendre vite, ce que nous voulions. Deuxièmement, il n'était pas prévu que Tapie conserve la totalité d'Adidas. En créant une sous-*holding*, BTF GmbH, il donnait la possibilité, tout en en conservant le contrôle, de céder une partie d'Adidas. Par conséquent, ce que nous voulions, c'est que, éventuellement, il cède une partie de ses actions de manière à diminuer le risque global. Entre la cession d'une partie des actions et la vente des actifs, ça devait rembourser totalement Adidas. Voilà dans quel état d'esprit cette opération a été faite en 1990.

Tout pourtant semble alors sourire à Bernard Tapie. Grâce au sport, il est populaire. D'abord grâce à Bernard Hinault puis au foot, à l'OM, à la Coupe d'Europe. Populaire, il s'est aussi depuis peu pris au mirage de la politique. Député de Marseille en 1988, bientôt député européen, il devient ministre dans le gouvernement de Pierre Bérégovoy en 1991. On lui a même créé un tout nouveau ministère sur mesure. Il est ministre de la Ville. Encore mieux, on lui laisse miroiter un destin national. Ebloui, il délaisse ses affaires. Or, pendant ce temps, les affaires vont mal. C'est la crise. Les sociétés à vendre ne trouvent pas acquéreur. Les dettes grossissent. Les banquiers s'inquiètent.

Pierre DESPESSAILLES : La politique de la banque vis-à-vis d'un groupe n'est pas la même chose que vis-à-vis d'une société. S'il y a une société qui marche mal dans le groupe, est-ce que c'est une raison pour faire tomber la société en dépôt de bilan ? Si on fait tomber la société en dépôt de bilan, tout le groupe est impliqué. En 1991, on aurait supprimé tout financement à Testut et à Trayvou, notamment à Trayvou, il y avait un dépôt de bilan immédiat. Un dépôt de bilan dans une société du groupe Tapie aurait fait l'effet d'un coup de tonnerre. Tout le groupe en aurait pâti, y compris Adidas. Donc, l'intérêt n'était pas de tirer un coup de semonce aussi puissant, c'était de menacer, d'attirer l'attention, de faire tout ce que nous pouvions pour qu'on cède, pour qu'on arrête même, mais certainement pas qu'on pousse au dépôt de bilan. Quand je disais à Tapie : « Ça suffit maintenant... modérez vos dépenses », ou il faut faire ceci, il faut faire cela, Tapie avait l'air de dire : « Siffle toujours, je fais ce qu'il me plaît. » Alors, de temps en temps, il fallait pousser un coup de gueule et le coup de gueule c'était : « Bien, retournez un chèque, retournez deux chèques. » Alors, j'avais Tapie : « Comment ? Vous avez retourné des chèques à ma femme ? C'est un scandale. C'est une honte, etc. » « Oui, je vous avais prévenu, vous n'avez pas voulu. Il ne faut pas faire ça, etc. Je vous couvre, ramenez les chèques, vous me promettez que vous ne recommencerez plus ? » « Oui, je ne recommencerai plus. » C'était un petit peu ça. On lui a retiré ses carnets de chèques. On a dû les lui rendre un mois ou deux mois après, je pense.

Fin 1992, une note au président du Crédit Lyonnais précise que Bernard Tapie doit en tout 1 milliard 736 millions et qu'il se dirige irréversiblement vers l'insolvabilité. Elle propose la revente urgente des parts de Bernard Tapie dans Adidas. De son côté, le Premier ministre, Pierre Bérégovoy, pousse Bernard Tapie à choisir entre la politique et les affaires. François Gille est alors directeur financier du Crédit Lyonnais.

François GILLE : Bernard Tapie étant en politique, le Crédit Lyonnais considérait qu'il ne fallait pas mélanger les genres et que, donc, il ne pouvait pas continuer de gérer un groupe d'entreprises. De fait, il le faisait mal parce qu'il n'en avait pas le temps, parce qu'il avait l'esprit ailleurs. Donc le groupe Crédit Lyonnais, représenté par Michel Gallot, lui a dit : « Il faut que vous choisissiez. Si vous choisissez la politique, il faut que nous réglions le passé et que vous vendiez vos participations. » Cet accord a prévu la vente par Tapie, qui donnait mandat à SDBO, de Adidas, moyennant un prix qui était convenu et qui évitait toute perte à Bernard Tapie. Le même accord disait que les dettes de Bernard Tapie seraient remboursées au fur et à mesure de la vente des autres participations : Terraillon, La Vie Claire, etc.

Bernard Tapie charge la SDBO de trouver un acquéreur pour Adidas à un prix convenu, ferme et définitif. Il fixe lui-même la date limite – avant les élections prévues 3 mois plus tard, en mars 1993. Henri Filho supervise l'opération pour le Crédit Lyonnais. Dans une note de novembre 1992, il dit qu'il faut signer avec Bernard Tapie un accord le plus discret possible.

Henri FILHO, *directeur général de Clinvest, président du conseil de surveillance d'Adidas* : Pourquoi ? Vous savez, un prêt à 0 % avec 66 % de participation à la plus-value n'est pas un article commercial courant. Donc, le Crédit Lyonnais n'aurait pas souhaité voir inscrits dans les produits offerts à l'ensemble de sa clientèle des produits de ce type. Voilà pourquoi on souhaitait la discrétion, ni plus ni moins.

Un prêt à 0,5 % et la garantie de toucher deux tiers de la plus-value possible. Des conditions vraiment exceptionnelles faites par le Crédit Lyonnais qui finissent quand même par attirer un acheteur potentiel, Robert-Louis Dreyfus. Mais Dreyfus, encore prudent, se limite à 15 % d'Adidas. Il demande un an pour racheter éventuellement le reste des parts. En attendant, Henri Filho trouve une solution provisoire. Omega et Coatbridge, deux sociétés *offshore*, domiciliées l'une aux îles Caïmans et l'autre aux îles Vierges, prennent ensemble 35 % des actions, toujours grâce aux mêmes conditions convaincantes, un prêt à 0,5 %. Les AGF montent à 17 %. Le Crédit Lyonnais lui-même détient la partie restante, un peu moins de 20 %. L'essentiel est accompli. Bernard Tapie a revendu Adidas.

Henri FILHO : Je sais qu'on s'est servi de ce souci de discrétion pour dire : « Ce sont des fonds cachés, ce sont des faux nez du Crédit Lyonnais. » Il n'en est absolument rien. Ces fonds appartiennent à des actionnaires désignés par des grands groupes, Argos-Soditie d'un côté, et City Bank de l'autre, et puis ce sont ces actionnaires qui ont fait le profit final. Un point c'est tout. Bernard Tapie se fichait pas mal de qui achetait. Lui, ce qu'il voulait, c'était que l'opération se fasse. Il a fixé son prix, et sans autre forme de procès. Donc, Bernard Tapie était parfaitement satisfait de cette opération. Pleinement. Je crois qu'il y a un bon 200 millions qui a été gagné, net de frais financiers, par le groupe de Bernard Tapie, BTF SA. Ce qui est donc une belle opération. Entrée en 1990, sortie en 1992, avec 200 millions de francs de profit net, c'est pas mal, c'est même bien.

Ainsi soulagé de dettes devenues trop lourdes pour lui, l'homme d'affaires se défend alors d'avoir été sauvé par la banque publique parce qu'il était ministre. « Ce que je n'aurais pas fait par contre, ça va de soi, ç'aurait été de vendre à une société nationalisée, parce qu'on aurait pu dire : "Est-ce que le prix correspond bien à la vraie valeur ?" Mais, à partir du moment où 53 % sur 58 sont achetés par des privés, faites-leur confiance pour payer le bon prix. »

Ce qui n'empêchera pas Bernard Tapie d'entrer en guerre contre le Crédit Lyonnais pour le rôle de Robert-Louis Dreyfus et des sociétés *offshore*. Il a toutefois refusé notre proposition de faire valoir ses arguments.

Henri FILHO : Tout ce que je peux vous dire, c'est que ce n'était pas des portages. C'est sûr, sûr et certain. Un portage, qu'est-ce que c'est ? Quelqu'un qui vend temporairement à un autre avec un retour automatique vers le premier. C'est ça un portage. Là, non seulement il n'y avait pas de retour automatique, mais le Crédit Lyonnais s'interdisait, de près ou de loin, de rapatrier dans son groupe les actions correspondantes. Premièrement, ce n'était donc pas un portage. Deuxièmement, tous les actionnaires avaient la possibilité de rembourser leurs prêts par anticipation (les fonds[1], madame Beaux, Robert-Louis Dreyfus) et par là même, d'ailleurs, éviter le partage de la plus-value de 66 %. Ils auraient pu faire fortune, s'ils avaient fait ça.

Fin 1993, la sortie d'Adidas n'a pas suffi pour autant à sauver le groupe Bernard Tapie qui n'arrive plus à rembourser ses emprunts. Jean-Yves Haberer a été remplacé par Jean Peyrelevade à la présidence du Lyonnais, auprès de qui François Gille assure la continuité.

François GILLE : Je suis chargé en 1993 de mettre fin aux relations bancaires entre Bernard Tapie et le Crédit Lyonnais, dans un cadre amiable, c'est-à-dire en cherchant une solution contractuelle à tous les problèmes en suspens. Et d'emblée, lors de notre première rencontre, j'ai évoqué l'idée, sur laquelle j'avais l'accord de Jean Peyrelevade, de lui donner un délai suffisamment long pour revendre ses affaires, pour éviter de les revendre précipitamment, dans de mauvaises conditions. Donc, on lui donnait un délai qui n'était pas encore fixé à ce moment-là, mais qui devait être un délai à moyen terme, disons de quelques années, pour qu'il puisse revendre et utiliser le produit de la revente au remboursement de

1. Omega et Coatbridge.

ses crédits et, en contrepartie de ce délai que nous lui donnions, nous lui demandions de nous garantir par l'intégralité de ses biens, c'est-à-dire non seulement par ses actifs industriels, mais également par ses actifs personnels. Nous avions déjà une hypothèque sur son hôtel particulier de la rue des Saints-Pères, et je lui ai dit que nous voulions également avoir un gage sur ses meubles, parce qu'il se vantait d'avoir une collection de meubles de la grande époque, XVIIe-XVIIIe siècles. Il était très fier d'avoir le bureau du Régent. Il avait une collection de tableaux dont il était très fier aussi et je lui ai dit qu'en contrepartie du délai de paiement, il fallait que nous ayons une garantie sur tous ses biens.

Le contrat de mars 1994 prévoit le remplacement de la dette par un prêt de 360 millions en argent frais, garanti sur les meubles meublants et œuvres d'art et sous réserve d'une estimation de leur valeur par deux grands experts parisiens.

Dominique BAZY : J'étais éventuellement prêt à donner à Bernard Tapie cet argent, dans la mesure où ceci avait été convenu avec lui, mais à une seule condition : que le gage complémentaire que l'on obtenait, c'est-à-dire les meubles et les tableaux, vaillent bien *a minima* le prix ou la valeur du crédit qu'on lui faisait. Il m'apparaissait, en étant tout à fait béotien, qu'une collection de meubles de 300 millions... En fait, il n'y avait presque pas de tableaux. Les tableaux, comme vous le savez, sont apparus comme étant assez largement faux. Les Chagall étaient clairement des faux. En tout cas, certains des tableaux étaient sans doute faux. Je dirais, peu importe, je ne peux pas me prononcer sur ce sujet. Comme nous n'avions pas d'évaluation, j'ai dit à François Gille : « Nous avons pris un risque qui, sans doute, était disproportionné par rapport au gage que nous avons obtenu. Donc, comme il y a rupture de contrat de la part de Bernard Tapie par non-remise des évaluations, nous allons saisir ses meubles et d'ailleurs, comme ça, nous allons les évaluer. » Et c'est ce que nous avons fait. Nous n'avons pas déboursé l'argent. Plus important, nous n'avons pas déboursé l'argent.

– Ces meubles, vous les avez fait évaluer. Combien valaient-ils ?

– Comme vous le savez, nous n'avons jamais pu faire évaluer la totalité des meubles parce qu'une partie a été soustraite. Bizarrement. Peu importe, vous relirez les coupures de presse de l'époque. Bernard Tapie a fait déménager ses meubles dans un garde-meubles... un certain nombre de ces meubles n'ont jamais été retrouvés. Donc, on a pu faire évaluer, par deux des firmes internationales les plus connues, l'une anglaise et l'autre américaine, ces meubles. Le résultat – j'imagine que ce sont les plus beaux que nous n'avons pas pu faire évaluer, mais peu importe – nous amenait à des évaluations qui, au maximum, se situaient aux alentours de 15 à 20 % de la valeur annoncée par Bernard Tapie. En d'autres termes, il nous avait annoncé plus de 300 millions et on était, au maximum, dans des valeurs comprises entre 40 et 50 millions de francs.

Ce jour-là, 17 mai 1994, à un an de la retraite après dix-huit années au Crédit Lyonnais, François Gille, en désaccord avec le nouveau président, vient de donner sa démission. Il lui reste encore, avant de partir, une chose pénible à faire. Une dernière signature.

François GILLE : Mes collègues m'ont expliqué qu'en conséquence, les instructions qu'ils avaient étaient de prononcer immédiatement la caducité du protocole de mars. Je n'étais pas très heureux, parce que j'ai une manière d'agir peut-être moins brutale, et puis parce que, je répète, je croyais que la solution de mars était une bonne solution. Néanmoins, ce jour-là, le lendemain de ma démission, je n'ai pas voulu me désolidariser de mon équipe que je venais tout juste de quitter. Donc, je dirai sans grande conviction, et pas très fier de moi, j'ai signé cette lettre que je... craignais n'être pas très solide au plan juridique. J'ai compris que la conséquence, au bout de tout ça, était la faillite personnelle de Bernard Tapie et son inéligibilité.

Au bord de la faillite personnelle, Bernard Tapie, qui n'est plus ministre mais toujours député européen, perd peu après son immunité parlementaire. Son destin passe maintenant par les juges. Pendant ce temps, Adidas restructuré a vu sa valeur se redresser. Fin 1994, Robert-Louis Dreyfus exerce, comme convenu, son droit et reprend 100 % des parts, toujours grâce à un prêt du Crédit Lyonnais, bien sûr. Le Crédit Lyonnais encaisse alors, pour la cession de ses parts, une plus-value de 500 millions. Un an plus tard, Adidas sera introduit en Bourse. Le Crédit Lyonnais encaisse cette fois 1,1 milliard de profit sur le prêt consenti à Dreyfus au moment du rachat.

Henri FILHO : Le prix à introduction a été de 68 deutsche marks par action qui maintenant en vaut 300. Le grand gagnant de toute cette opération, c'est le marché. Les gagnants, on peut les passer en revue, si vous voulez. C'est d'abord Bernard Tapie. Je dis Bernard Tapie, c'est BTF SA. Il a gagné comptablement 500 millions et, déduction faite des frais de portage – je dis portage, voyez, c'est le mot maudit... des frais de financement de son acquisition, 200 millions de francs ou un peu plus. Ensuite, les AGF ont gagné aussi à peu près le quart de ce qu'a gagné le Crédit Lyonnais, grosso modo. Le Crédit Lyonnais a gagné un premier coup environ 500 millions et un deuxième coup environ 1,1 milliard. C'était vraiment une belle opération.

Adidas vaut en effet aujourd'hui six fois plus qu'à son acquisition, huit ans plus tôt. De quoi donner à Bernard Tapie bien des remords. Aujourd'hui, Bernard Tapie doit toujours, au titre de son groupe, 800 millions à la structure chargée de liquider les actifs douteux du Crédit Lyonnais. L'affaire de sa vie aura peut-être été pour lui « l'affaire de trop ». Comme il nous a dit, en privé, « fasciné par la politique », il n'a pas vu le coup de bonneteau.

Jean DEFLASSIEUX : Il y a des morts d'argent dans toutes les affaires.

Chapitre 4

La peur au ventre

Jean DEFLASSIEUX : Vous avez deux métiers différents et tous les deux financiers : l'assurance et la banque. Dans l'assurance, le risque disparaît par le calcul mathématique. Dans la banque, il est limité par le choix de chaque opération, de la façon la moins risquée possible par les garanties. Mais, dans le cas de la banque, le risque est constant et il ne disparaît jamais complètement. On ne sort pas d'un bureau pour venir diriger une banque sans avoir, pendant des années, eu peur, peur, peur...

Au jeu d'argent, qui ne risque rien n'a rien. Les gains comme les pertes ne sont jamais ni sûrs ni définitifs. Il arrive donc parfois que l'on perde tout ce que l'on avait auparavant gagné. Au début des années 80, Jean-François Hénin, directeur général de Thomson CSF finance, groupe public, gère les positions de change et les taux d'intérêt de l'argent gagné par le groupe Thomson CSF sur les exportations et notamment les ventes d'armement. Il dispose, en 1981, d'un portefeuille de 100 millions de francs dont il va faire en moins de dix ans, et en spéculant avec brio sur les taux de change de sommes énormes payées en devises, un trésor de 10 milliards. Cent fois plus. Son succès, ses intuitions, sa finesse et sa rapidité d'analyse lui valent alors le surnom de « Mozart de la Finance ».

Jean-François HÉNIN : Notre savoir-faire, c'était une manière de regarder le monde, qui était différente des gens qui avaient fait l'ENA ou l'Inspection des Finances. Pour citer les choses qu'on connaît en Europe.

– Vous n'étiez pas des banquiers traditionnels ?

– Nous n'étions pas banquiers. Nous étions des gens qui nous battions sur le marché pour protéger la valeur de ce que créait notre société, c'est-à-dire Thomson-CSF, ou le groupe Thomson qui, à l'époque, représentait un groupe de 130 000 personnes à travers le monde.

Dix ans plus tard, en 1990, considérant que l'activité de Jean-François Hénin n'est plus à sa place au sein de Thomson CSF, Pierre Bérégovoy, alors ministre des Finances, juge plus rentable d'utiliser cette manne financière au sein d'un groupe bancaire. D'un groupe public à un autre ; en 1990, Thomson CSF Finance devient Altus Finance, filiale à 70 % du Crédit Lyonnais. Pour Jean-Yves Haberer, alors président de la banque publique, c'est une véritable aubaine.

Jean-Yves HABERER : En gros, cela apportait 15 milliards de fonds propres. C'était une telle aubaine que le jour où un communiqué de Bérégovoy a annoncé l'opération, la BNP a osé publier un communiqué de protestation en disant que la concurrence n'avait pas joué, qu'elle aurait voulu faire, elle aussi, une offre à Thomson. Et que c'était scandaleux. En d'autres temps et d'autres configurations de personnes, je vous dirais que le président de la BNP n'aurait pas duré plus de 24 heures. Beaucoup de ministres n'auraient pas supporté. Donc, c'était considéré comme une aubaine par la place entière. Et c'était, selon les termes d'un homme de Lazard, un moteur turbo pour nos bénéfices. Altus faisait, bon an mal an, entre 1 et 2 milliards de francs de résultat et avait fait pratiquement les résultats de Thomson dans les années précédentes. N'importe qui aurait fait cette opération. C'était tellement évident. Nous avions la chance de mettre la main sur une équipe, et surtout sur un homme, Jean-François Hénin, qui était considéré comme le financier le plus talentueux de la place. Au point que, dans le traité avec Thomson, il y a un article, qui est confirmé par une lettre dudit Jean-François Hénin, comme quoi nous n'achetions notre participation dans Altus qu'à condition que Jean-François Hénin y reste au moins 5 ans. Tellement nous ne voulions pas acheter un établissement dont le principal élément du fonds de commerce aurait disparu quelques mois après pour tenter fortune ailleurs.

Saluée comme un coup de maître, l'opération s'est faite par simple échange d'actions entre les deux groupes publics. Thomson devient donc actionnaire du Crédit Lyonnais, lequel inscrit dans ses comptes 15 milliards supplémentaires de fonds propres sans bourse délier, augmentant largement ses possibilités de crédit.

Jean-François Hénin : L'arrivée d'Altus au sein du groupe Crédit Lyonnais, qui avait été souhaitée par les autorités de tutelle de toute nature, créait un choc psychologique important. Parce que nous sommes une entité qui, avec 160 personnes, a gagné, dans les années précédentes, quelque chose qui ressemble aux résultats du Crédit Lyonnais avec 40 000 personnes. Donc, ça fait un choc de cultures extrêmement difficile à assumer.

François Gille est alors directeur financier du Crédit Lyonnais. L'activité d'Altus échappe dès le début à la hiérarchie et aux systèmes de contrôle du groupe.

François GILLE : Le premier effet de ce principe d'autonomie qui a bien existé dès le départ, c'est qu'il est entré en conflit avec la recherche d'une coopération quotidienne et d'une imbrication des activités avec celles du groupe au service des clients. Je pense que le principe d'autonomie a vite généré une spécificité qui fait que Altus s'est mis à faire, comme d'ailleurs son président qui était Jean-Yves Haberer l'a dit assez rapidement, à faire ce que le Crédit Lyonnais ne faisait pas, à faire autre chose que le Crédit Lyonnais, à faire ce que le Crédit Lyonnais ne voulait, ne pouvait pas, ne savait pas faire.

Jean-François HÉNIN : Ce que le Crédit Lyonnais ne sait pas, ne veut pas ou ne peut pas faire. Ce qui veut simplement dire que nous étions un groupe de commando par rapport à l'armée classique et qu'on ne demande pas aux commandos de faire le même métier que les troupes de forteresses.

Echappant aux contrôles ordinaires, les orientations d'Altus se décident directement entre Jean-Yves Haberer, à la fois président du Crédit Lyonnais et président d'Altus, et Jean-François Hénin, directeur général. Hénin continue tout d'abord ce qu'il faisait à Thomson : la gestion des positions de change et des taux d'intérêt.

Jean-François HÉNIN : Nous avions des positions de change qui étaient typiquement de l'ordre de 2 milliards de dollars, à la hausse ou la baisse du dollar. 2 milliards de dollars veut dire que quand le dollar passe de 5 francs à 5,01 francs, nous gagnons ou nous perdons 20 millions de francs. Lorsqu'il passe de 5 francs à 5,10 francs, nous gagnons ou nous perdons 200 millions. Si vous regardez ce qui s'est passé au cours de la période 1990-1992, vous comprendrez pourquoi je n'ai plus de cheveux. Et si vous remontez à 1982, vous vous demanderez pourquoi je suis encore vivant.

La Banque de France, qui exerce à la fois le contrôle et la tutelle de toutes les banques publiques, s'inquiète des positions acrobatiques de Jean-François Hénin sur les changes et le pousse « amicalement » à des activités « plus classiques » donnant lieu, dit-elle, à des « rendements réguliers, récurrents et sûrs ».

Jean-François HÉNIN : Globalement, et cela va en faire sourire plus d'un, je regrette d'avoir été trop discipliné. Cela semble un gag, mais, en fait, j'ai fait une erreur stratégique en 1990, lorsque j'ai accepté l'idée de développer une banque commerciale en France, dans un marché qui était surbancarisé, avec une expérience insuffisante.

François GILLE : Ce qui fait qu'Altus s'est précipité dans la banque, s'est précipité dans ce qu'on pourrait appeler une espèce de banque d'affaires consistant à prendre des entreprises, je dirai majoritairement, à les gérer un certain temps et à les revendre, à les acheter à une certaine phase du cycle économique pour les revendre à une autre phase du cycle économique, à les acheter alors qu'elles étaient en difficulté pour les revendre après redressement. Bon. Une espèce de métier de marchand de biens, non pas immobilier, mais de marchand de biens en entreprises.

Outre l'immobilier, la mode dans ces années-là est à la reprise des entreprises en difficulté. Jean-François Hénin suit l'exemple. Sa première opération : l'achat de Garonor. Une grosse entreprise de transport, que Jean-François Hénin achète au groupe AXA 1,2 milliard, qu'il revend peu après 1,4 milliard, réalisant une plus-value de 200 millions. Des années plus tard, une enquête mettra en doute la réalité de cette plus-value qui serait, en fait, annulée par des contreparties en faveur de l'acquéreur. Suivront encore une banque (Saga), une compagnie d'aviation (AOM), un groupe de distribution (Marland), des usines de retraitement d'ordures ménagères, des golfs, etc.
Pour ses nouvelles activités, Jean-François Hénin joue comme pour les positions de change, sur la durée et les changements de conjoncture économique. Or, en 1991, avec la guerre du Golfe, le monde est entré dans une crise qui ne cesse de s'aggraver. Parallèlement, le coût de la réunification allemande fait monter les taux d'intérêt, bouleversant les prévisions et les activités d'Altus.

Jean-François HÉNIN : Au moment de la réunification allemande, les taux d'intérêt allemands sont montés. On s'est dit : « Cette situation ne va pas durer pendant dix ans. » Donc, nous avons prêté du deutsche mark sur ce marché notionnel[1] à dix ans, à 6,70 % par an. En dépit de la période à laquelle nous avons fait l'opération, les taux d'intérêt ont quand même continué à monter en Allemagne.

– Donc vous perdiez de l'argent en vous refinançant ?

– Nous perdions de l'argent en financement. Et nous perdions de l'argent potentiellement si nous soldions notre position[2]. La règle comptable qui s'appliquait à notre cas, qui était un marché d'investissements, c'est-à-dire que nous avions l'intention de garder cette position éventuellement pour dix ans, nous autorisait à le faire. C'est-à-dire, nous autorisait à garder la position en prenant la perte de l'année, mais en ne prenant pas la perte en capital qui serait résultée de la cession de l'opération. A la fin 1991, la Banque de France nous a dit : « Votre politique n'est pas véritablement décrite par les manuels comptables et nous vous imposons de prendre cette perte. » Nous avons protesté et la Banque de France – qui ne se sent pas très, très à l'aise par rapport à la décision qu'elle nous impose – dit : « Ecoutez, il y a une règle comptable internationale qui permet de faire ce genre de choses sans passer par le compte de pertes et profits, mais par affectation directe de la perte sur vos fonds propres. » Donc ça réduit la valeur de la société sans toucher les comptes annuels.

1. Intentions d'achat et de vente de devises.
2. Vendre au taux du jour.

Contraint par la Banque de France de solder sa position de change, c'est-à-dire de vendre au taux du jour, Jean-François Hénin perd 1 milliard de francs. 1 milliard de francs qu'il aurait au contraire gagné en gardant cette position deux ans de plus. Mais, pour l'heure, Jean-François Hénin a perdu sa main d'or. Ses repères sont bouleversés par la profonde récession que traverse l'économie mondiale et il accumule les mauvais choix et les pertes. Les organismes publics de contrôle, la Commission bancaire et la Cour des comptes mettent Altus sous surveillance. Un prérapport venant de la Cour des comptes, et largement repris par la presse, attire l'attention sur ce qui devient « les scandales d'Altus ». Jacques Bonnet, président de la première chambre à la Cour des comptes, est chargé du dossier Altus.

Jacques BONNET, *président de la première chambre de la Cour des comptes* : Ce prérapport n'aurait jamais dû être connu. Pour parler clair, c'est une fuite. C'est une fuite dont nous avons de bonnes raisons de penser qu'elle émane de l'entreprise elle-même. Et qu'elle a été un instrument de règlement de comptes entre personnes qui se voulaient du bien.

– De l'entreprise ? vous voulez dire Altus ?

– Altus.

– C'est à l'intérieur même d'Altus, c'est-à-dire entre la nouvelle équipe et l'ancienne équipe ?

– Oui, et même à l'intérieur des équipes il y avait des rivalités, des règlements de comptes. Vous savez, quand les choses vont mal, la concorde ne règne pas toujours au sein des équipes, c'est humain. Jean-François Hénin considère qu'au total, si on prend la situation de l'entreprise au moment où il est arrivé et au moment où il est parti, les pertes sont équilibrées par les gains qu'il avait réalisés. Nous, ce que nous constatons, c'est que, au moment où il est parti, malgré tout, l'entreprise a apporté des pertes au Crédit Lyonnais.

10 milliards, selon la Cour des comptes. C'est-à-dire la totalité des fonds propres gagnés par Hénin chez Thomson, et apportés au Crédit Lyonnais deux ans plus tôt.

Jean-François HÉNIN : Il est évident que je me suis trompé. Et je veux dire par là que, étant un entrepreneur, ayant à prendre des décisions, je dois en assumer les conséquences, qu'elles soient bonnes ou mauvaises. Dans cette époque, pour reprendre la période de mon passage dans le secteur public, 1982-fin 92, mi-93. J'ai repéré un certain nombre de grands mouvements macro-économiques. Le premier a été la surévaluation du dollar. Le second a été le niveau excessif des taux en Europe et aux Etats-Unis. Le troisième a été de nature un peu différente, l'apparition des nouveaux marchés financiers. Le quatrième, que nous avons raté, les dettes pays[1]. Le cinquième, que nous avons pris, qui est les *junk bonds*[2]. Le sixième, que j'avais ébauché, qui était l'immobilier américain. Chacun de ces phénomènes a rapporté de l'ordre de 4 à 7 milliards de francs. Bien évidemment, sur le marché des changes, j'ai été, certaines années, dans le mauvais champ, dans le mauvais sens et j'ai perdu de l'argent. Sur le marché des taux d'intérêt, j'ai été dans le mauvais sens et j'ai perdu de l'argent. Sur le marché des

1. Endettement des pays en développement.
2. Obligations à haut rendement.

options[1], j'ai été, certaines années, dans le mauvais sens et j'ai perdu de l'argent. De cette époque, je considère qu'Altus n'a ni gagné ni perdu d'argent. Ce n'est pas brillant, ce n'est pas un sentiment de gloire, mais comme j'étais venu avec 10 milliards de gains, je pense que je laisse au contribuable français un don de 10 milliards. Cela ne mérite pas d'être mis au ban de l'humanité.

Sur les 10 milliards de francs de pertes attribuées à Altus, Jean-François Hénin, au cours de son audition par la Cour des comptes, n'en reconnaît que la moitié pour la période relevant de sa gestion. Jugeant que le reste vient du coup d'arrêt donné, après son départ forcé en 1993, à des affaires prévues pour durer.

Jean-François HÉNIN : Lorsqu'on regarde l'histoire d'Altus, nous sommes comparables à un avion qui entreprend un vol commercial. Le pilote, sur ordre de la tour de contrôle au moment du décollage, décide de couper les moteurs. Et la tour de contrôle dit : « Ce pilote est un fou, il a écrasé l'avion. » Est-ce la tour de contrôle, est-ce le pilote ?

Mais le passage de Jean-François Hénin au Crédit Lyonnais n'est pas marqué que de pertes. Il est aussi l'auteur d'un « coup » exceptionnel qui reste aujourd'hui une référence. L'achat sur le marché américain d'un portefeuille d'obligations sur des entreprises à redresser. Les fameuses *junk bonds*.

1. Options d'achat de devises à un taux donné.

Claude Rubinowicz, spécialiste des marchés financiers auprès du ministre des Finances, Pierre Bérégovoy, a été initié aux *junk bonds* par leur inventeur lui-même.

Claude RUBINOWICZ : Les *junk bonds* souffrent de leur vocabulaire : « *junk bonds* », « Obligations pourries ». Tout de suite, il y a une connotation négative. Alors qu'aujourd'hui, ce marché s'est encore redéveloppé aux Etats-Unis. On appelle ça, aujourd'hui, aux Etats-Unis ou même en Europe, les obligations à haut rendement. Ce qui correspond plus à la réalité. Au départ, c'est Mike Milken qui, aux Etats-Unis, avait fait des recherches de doctorat et avait montré que des entreprises, considérées comme absolument sans risque à un moment donné, pouvaient être en faillite quelques années plus tard. Inversement, des entreprises en développement, ou qui n'avaient pas eu l'occasion ou la volonté d'être notées par des agents de notation, pouvaient être des opérations intéressantes et à risque limité au point de vue financement. A la fin des années 80, et au début des années 90, à la suite d'excès sur ces marchés, comme il y a eu des excès sur le marché immobilier, ce marché s'est complètement effondré aux Etats-Unis. Il y a eu la possibilité, pour Jean-François Hénin, pour Altus donc, de racheter à une compagnie d'assurances américaine un portefeuille de *junk bonds.*

« *The deal of the year* » (le marché de l'année) titrera la presse financière américaine. L'opération vaudra aussi à Jean-Yves Haberer, président du Crédit Lyonnais, un an plus tard, la médaille d'or décernée par les financiers américains. L'histoire des *junk bonds* commence fin 1991 par la rencontre de Jean-François Hénin et du directeur de l'agence du Crédit Lyonnais à New York, Thierry de Laville Huchet.

Jean-François HÉNIN : Thierry de Laville Huchet vient me voir un matin, en me disant : « Vous êtes intéressé par les opérations de *junk bonds*, j'ai réussi à mettre la main sur Léon Black. Il faut que vous le receviez. C'est un type génial. » Effectivement, c'est le pape des opérations en la matière. Il est numéro deux de Milken, le spécialiste qui connaît 70 % du marché américain. Qui le connaît de l'intérieur, c'est lui qui les a montées.

– Donc, vous allez voir Léon Black.

– Léon Black vient nous voir et nous propose une opération de fonds, en disant : « Je cherche quelqu'un pour coïnvestir avec nous quelques centaines de millions de dollars dans une opération de *junk bonds.* » Je vais voir Jean-Yves Haberer, qui réunit un petit comité de quatre personnes, avec ses directeurs généraux, et qui accepte l'idée que nous investissions non pas 200 millions de dollars, mais 3 ou 4 milliards de dollars sur ce marché. La procédure en question prend quelques mois et aboutit à la vente, de l'ordre de 3 milliards de dollars, d'un portefeuille qui avait, à l'origine, une valeur de 8, dans les livres de la banque. Contrairement à tout ce que pensent les gens, le niveau de risque était extraordinairement faible. Pourquoi ? Parce que nous achetions une espèce de panel[1] d'économie américaine à 40 % de sa valeur. C'est le prix de *discount* de l'opération qui faisait que, en moyenne, l'opération n'était pas risquée.

1. Échantillon représentatif.

Claude RUBINOWICZ : C'était des noms connus. Samsonite, le groupe de valises connu dans le monde entier, était dans le portefeuille. La grande station de sports d'hiver, Weil, dans le Colorado aux Etats-Unis. Et beaucoup d'autres. Donc, c'était vraiment une mine de pépites de premier plan.

Jean-François HÉNIN : En plus, le montant des revenus générés chaque année était très élevé par rapport à l'investissement que nous avions fait. Et, d'ailleurs, dans l'historique des opérations, moins de 1 % de ces opérations a fait faillite. Donc, c'était des opérations très saines.

A eux seuls les gains de ces *junk bonds* rééquilibrent les pertes d'Altus en 1992 et sauvent du même coup le résultat du Crédit Lyonnais. Sans les gains sur les *junk bonds*, cette année-là, et alors que les effets de la crise commencent à se faire ressentir, le Crédit Lyonnais aurait subi des pertes catastrophiques. Une véritable opération miracle.

Jean-François HÉNIN : L'opération des *junk bonds* est sans doute la plus importante faite par des financiers français aux Etats-Unis. Et sans conteste, la plus rentable. Cette opération a rapporté 7 milliards de francs, au minimum, pendant sa vie au sein du Crédit Lyonnais, et vraisemblablement, un montant semblable pendant le reste de sa vie dans le groupe Pinault. Citez-moi une autre opération – finalement, puisque je suis responsable des pertes, pourquoi ne serais-je pas responsable des gains ? – qui ait rapporté 14 milliards de francs dans la période 1990-1995 en France.

Mais le Crédit Lyonnais est confronté à la loi américaine qui impose à toute banque – privée comme publique, américaine ou étrangère –, de ne posséder que moins de 25 % du capital d'une société industrielle. Enfreindre cette règle mettrait le Crédit Lyonnais en danger de perdre sa licence américaine. Il faut donc revendre, et rapidement, 75 % des *junk bonds.*

François GILLE : Il fallait qu'Altus, pour sortir dans de bonnes conditions de cette remarquable opération, trouve un repreneur industriel. Et il y avait un repreneur motivé sur le marché français, qui lui aussi croyait à la reprise américaine, et qui voulait tenter certaines opérations de diversification aux Etats-Unis : le groupe Pinault.

Loïc DERAISON : A l'époque, le compte à rebours est de cinq mois et les mois se raréfient de jour en jour. Dans les deux mois qui précèdent la fin de l'exercice, la date fatidique, le terme imposé par les autorités américaines, François Pinault a l'idée de racheter les *junk bonds* dans des conditions qui sont pour le Lyonnais extraordinaires, au sens de sa sécurité, puisqu'il arrête le principe d'engager tout son groupe. On était face à un homme qui prenait le risque d'engloutir sa fortune. Personne à l'époque ne pensait que la conjoncture américaine allait réellement se redresser. Il y avait des indices, mais ils n'étaient pas suffisants. La grande qualité de François Pinault a été de percevoir ce retournement.

Techniquement préparée par Loïc Deraison et Jean-François Hénin, c'est la création d'une nouvelle société par le Crédit Lyonnais et François Pinault : Artémis. Placée sous la Financière Pinault, Artémis est constituée à 75 % par des actions de la Financière Pinault, et à 25 % par le Crédit Lyonnais qui apporte 1 milliard et demi de francs en cash. D'autre part, le Crédit Lyonnais prête 10 milliards de francs à Artémis pour le rachat à sa filiale Altus des dizaines de sociétés que représentent les *junk bonds*. Artémis contrôle aussi le groupe PPR, Pinault-Printemps-La Redoute. Le Crédit Lyonnais apparaît donc aux deux niveaux du groupe, dans Artémis d'une part, et surtout, au sommet, dans la Financière Pinault. Cette participation prise deux ans plus tôt, au moment de l'achat du Printemps, est de 25 % pour 1 milliard de francs. Elle est le verrou qui protège la solidité et la rentabilité de tous les liens du Crédit Lyonnais avec François Pinault. On en comprendra l'importance plus tard.

Jean-Yves HABERER : Artémis était garanti, si vous voulez, par la Financière Pinault. Il est évident que si la Financière Pinault disparaissait, ou plus exactement si la participation du Crédit Lyonnais dans la Financière Pinault disparaissait, alors Artémis était tout nu.

– Donc devenait un produit difficilement contrôlable ?

– Oui, mais je n'ai jamais pu imaginer que les deux seraient séparés. L'un n'allait pas sans l'autre. L'un, dessous, n'allait pas sans l'autre, dessus.

Jean-François HÉNIN : A cette époque, le marché regarde cette opération comme un grand service que rend François Pinault au Crédit Lyonnais, en disant : « Décidément, François Pinault ne peut rien refuser au Crédit Lyonnais. » Deux ans plus tard, on dit : « Le Crédit Lyonnais a bradé à vil prix ses obligations à François Pinault. » Où est la vérité ?

– Pourquoi ? Que s'est-il passé entre-temps ?

– Le marché a tellement remonté, l'économie américaine est en pleine expansion, le *Dow Jones* passe de 3 000 à 6 000.

– Pinault réalise une plus-value de combien ?

– Je ne sais pas, parce que je n'ai pas suivi les comptes d'Artémis. Vraisemblablement de 5 à 6 milliards de francs. Peut-être plus.

L'histoire des *junk bonds* va devenir alors l'histoire d'Artémis. Nous y reviendrons.
Au printemps 1993, accompagnant la gestion des *junk bonds*, Jean-François Hénin est devenu conseiller de François Pinault. Pour éviter les conflits d'intérêts, il a cédé la direction générale d'Altus, tout en y gardant un rôle important. Peu après, on lui propose une belle affaire : la FNAC, que les propriétaires veulent vendre. Intéressé, Jean-Marc Oury, le président de la CIP, une banque filiale de la Compagnie Générale des Eaux, cherche un associé.

Jean-François Hénin : Le lendemain matin, je vois François Pinault à qui je dis : « Ecoutez, hier, j'ai rencontré Jean-Marc Oury et il m'a proposé la FNAC. Il semblerait qu'il ait les clefs pour l'acquérir. Est-ce que c'est une chose susceptible d'intéresser votre groupe ? » La réaction de François Pinault est très évasive. Il me dit en particulier : « Que voulez-vous que je fasse de ce ramassis de gauchistes ? Et, de toute façon, vous ne l'aurez jamais. » Je quitte François Pinault. L'après-midi, je vois Jean-Yves Haberer et je lui dis : « Président, j'ai vu hier Jean-Marc

Oury, qui, etc. Qu'en pensez-vous ? » « La FNAC est une très belle maison, nous allons mettre au travail une équipe d'analystes de Clinvest pour l'évaluer. » Au bout de quelques jours, la réponse de Clinvest est : « C'est une très belle opportunité, il faut essayer de la faire. »

Il est alors prévu une association entre Altus et la CIP pour acheter la FNAC : deux tiers pour Altus, un tiers pour la CIP. Et Jean-François Hénin en propose la gestion aux quatre hommes qui sont déjà ses partenaires dans des affaires de distribution et qu'on surnomme les quatre mousquetaires : Jean-Pierre Andrevon, Gilles Silberman, Gilbert Wahnich et Franck Ullmann.

Franck ULLMANN : Notre réponse est « oui ». C'est un magnifique outil, sauf que nous mettons deux conditions. « Nous souhaiterions que vous interrogiez d'abord François Pinault pour savoir s'il est intéressé ou pas. Deuxièmement, nous souhaiterions aussi avoir confirmation du Crédit Lyonnais pour ne pas nous retrouver au dernier moment avec un problème. »

– Pourquoi avez-vous besoin de l'imprimatur de François Pinault ?

– Parce qu'à deux reprises dans le passé, Monsieur Pinault a faussé les règles du jeu en exigeant que le Crédit Lyonnais fasse pression sur nous pour que nous nous retirions d'un dossier auquel nous nous intéressions. Nous ne souhaitions pas engager des frais et du temps sur un dossier qui, au dernier moment, au moment où il serait mûr ou même signé, pouvait faire l'objet d'un problème. A savoir, que le Lyonnais pouvait nous demander de nous retirer pour laisser la place à François Pinault.

– Qu'est-ce qui vous faisait penser que François Pinault serait intéressé par la FNAC ?

– Parce que son intérêt pour les affaires de distribution est marqué. Il a repris un certain nombre d'affaires de distribution et la FNAC est la plus belle affaire de distribution en France, voire en Europe, dans son secteur, à savoir les biens culturels.

En fait, deux des quatre mousquetaires, Jean-Pierre Andrevon et Gilles Silberman, connaissent bien François Pinault dont ils ont été les plus proches collaborateurs au début de son ascension. Jean-François Hénin entend donc François Pinault lui confirmer, une seconde fois, qu'il n'est pas intéressé par la FNAC. Hénin ignore alors que d'autres ont convaincu François Pinault que l'affaire ne se ferait pas et qu'il pourrait acheter la FNAC moins cher. Jean-François Hénin retourne donc voir le vendeur de la FNAC, Jean-Louis Pétriat, président de la Garantie mutuelle des fonctionnaires, la GMF.

Jean-François HÉNIN : L'après-midi, je suis reçu par Jean-Louis Pétriat dans une ambiance de cours du XVIe siècle, ou l'équivalent. Je suis reçu avec Oury qui dit à Pétriat : « Donc, tu es d'accord pour me vendre la FNAC. » Et Pétriat lui répond : « Je suis d'accord, à la condition que tu me reprennes pour 270 millions nos opérations... à l'île de Saint-Martin. » Jean-Marc Oury, sans se démonter, répond : « Je suis d'accord, tu le sais, à condition que dans les trois mois, j'aie 95 % des titres de propriété. » Jean-Louis Pétriat se retourne vers son directeur de cabinet, un énarque qui s'appelait Durand, je crois, et lui dit : « Durand, nous sommes bien propriétaires à Saint-Martin ? » « Oui, monsieur le Président. »

– Saint-Martin, c'étaient des opérations immobilières ?

– C'étaient des opérations... Je sors de là et je dis à Jean-Marc Oury : « Mais vous êtes tombé sur la tête ! Je ne peux pas entendre des choses pareilles. » Il me répond : « Ne vous inquiétez pas, ils n'ont jamais eu de titres de propriété à Saint-Martin. Toute cette opération est une arnaque. Vous n'avez aucun risque d'avoir à exécuter nos engagements. » Je lui ai dit : « Ah bon ! »

Saint-Martin : une opération immobilière sur une île des Petites Antilles, dans laquelle est impliqué le grand banditisme dans des conditions tout à fait troubles car les actes de propriété ne correspondent pas aux terrains. Ce que semble ignorer la GMF. Le projet de la GMF est simple. Elle fait un lot. Elle veut, en effet, joindre à la vente de la FNAC l'affaire de Saint-Martin qui affiche en fait un passif de 500 millions de francs. La GMF veut aussi vendre, pour 200 millions, une affaire de galerie marchande sur les Champs Elysées à Paris qui présente une perte potentielle de 50 millions, et troisièmement, la FNAC Musique, société d'édition musicale qui perd 30 millions par an, mais dont la fermeture en coûterait 100. En joignant à la FNAC ces affaires, la GMF veut se débarrasser de trois sources de pertes et gagner 1 milliard 210 millions. Ce qui abaisse d'autant le prix de la FNAC seule.

Franck ULLMANN : La FNAC valait environ 1 milliard à 1 milliard et demi de plus que son prix, que le prix auquel la GMF la cède.

– A quel prix est-ce que la GMF la cède ?

– Aux alentours de 3 milliards de francs.

– Aux alentours de 3 milliards de francs, donc elle valait à peu près 4 milliards de francs ?

– Oui. Globalement. C'est l'équivalent de vendre la FNAC 4 milliards et demi de francs et de perdre 1 milliard et demi sur Saint-Martin, ou de vendre la FNAC 3 milliards de francs et de vendre Saint-Martin pour une valeur positive.

– Donc on vous cède la FNAC à bas prix ?

– Oui.

– Parce qu'il y a une opération douteuse qui est adossée ?

– Tout à fait. C'est un peu compliqué mais nos partenaires s'y retrouvent très bien, d'autant mieux qu'ensuite, ils réussiront à ne pas acquérir l'opération de Saint-Martin. Donc, c'est une plus-value immédiate d'environ un milliard de francs sur la FNAC.

– Altus et Oury le savaient par avance. Ils savaient que la GMF avait un problème sur les terrains.

– Pétriat n'a pas été professionnel dans la négociation.

Jean-François HÉNIN : L'après-midi, je suis comme d'habitude chez Altus. Dix-sept heures, le téléphone sonne. François Pinault : « Je veux la FNAC. » « Quoi ? » « J'exige la FNAC, démerdez-vous ! » Je suis affolé. Je téléphone à Jean-Yves Haberer, que je n'arrive pas à joindre. Je tombe sur Loïc Deraison. Je lui dis : « Ecoutez Loïc, on est dans un bazar épouvantable. On est maintenant engagés vis-à-vis des quatre partenaires, je ne sais pas quoi faire de cette histoire. » Une heure plus tard, le téléphone sonne. Alain Minc. « Je vous interdis de signer cette opération. »

Alain MINC, conseiller influent du monde des affaires et, entre autres, conseiller de François Pinault.

Jean-François HÉNIN : Je me souviens des mots malheureux que j'ai prononcés : « Mon cher enfant, qui êtes-vous pour m'interdire quelque chose ? » Cris, hurlements au bout du téléphone. « Ne vous fichez pas de moi, etc. » Je lui dis : « Ecoutez, je suis vice-président du conseil de surveillance, ce n'est pas moi qui signe, ce n'est pas moi qui décide. C'est Jean-Yves Haberer qui donnera ou non l'autorisation à Claude-Eric Paquin de signer. » « Ne vous fichez pas de moi, on reconnaîtra nos amis, et vous devez choisir votre camp. » Pffuit. Il raccroche.

Alain MINC, *conseiller d'entreprise, notamment du groupe Pinault-Printemps-La Redoute* : Je me souviens très clairement d'avoir téléphoné à son chef. C'est peut-être une forme de snobisme de ne me rappeler que des coups de fil au chef, mais peut-être l'ai-je appelé aussi...

– Le chef, vous voulez dire Jean-Yves Haberer ?

– Oui, le chef de Jean-François Hénin était Jean-Yves Haberer. Je m'en souviens très bien. J'étais à l'époque dans ma fonction, qui existe toujours, de conseil de François Pinault, parmi d'autres de mes clients. L'ancien serviteur de l'Etat que je suis et le publiciste pensent aussi parfois pouvoir avoir une opinion qui relève de l'intérêt général. Je me souviens très bien d'avoir appelé Jean-Yves Haberer pour lui dire : « Nous proposons de reprendre la FNAC et c'est aberrant de la confier à ces quatre types. » Le fait d'aller mettre ça chez quatre liquidateurs-redresseurs d'entreprises était contraire au bon sens.

– Pourquoi François Pinault ne s'est-il pas manifesté tout de suite ?

– Ah ! Ecoutez, François Pinault s'était manifesté depuis longtemps. On avait dit au Crédit Lyonnais que le groupe Pinault-Printemps-La Redoute était intéressé par la reprise de la FNAC.

Nous sommes au printemps 1993. Le gouvernement socialiste vient de perdre les élections législatives. Edouard Balladur est Premier ministre. La gestion de Jean-Yves Haberer est de plus en plus contestée. L'opération FNAC est alors très avancée et même pratiquement bouclée selon le schéma suivant : Altus et la CIP se partagent les actions de la FNAC ; Altus apporte ensuite ses actions dans la société des quatre mousquetaires qui prennent la gestion de la FNAC avec une rémunération de 0,3 % du chiffre d'affaires, c'est-à-dire 30 millions de francs par an ; Altus et la CIP sortent du lot Rossi et Saint-Martin, c'est-à-dire les pertes potentielles, qui restent ainsi à leur charge.

Franck ULLMANN : Le 15 juillet, nous sommes au Crédit Lyonnais. Le Crédit Lyonnais est informé. Jean-Yves Haberer appelle son agence de publicité, Publicis en l'occurrence, pour qu'elle prépare la campagne de communication qui explique que le Crédit Lyonnais a financé la reprise de la FNAC. L'ensemble de ces accords est adressé à la Commission des opérations de Bourse pour qu'elle connaisse exactement l'intégralité de l'opération. Nous recevons, de mémoire le 20 juillet, de la part du Crédit Lyonnais, le projet de notice COB, dans laquelle nous sommes mentionnés. Tous les accords sont mentionnés.

Le protocole d'accord signé le 12 juillet 1993 par Claude-Eric Paquin, le successeur de Jean-François Hénin à la direction générale d'Altus, est pourtant dénoncé peu après. Au cours d'une réunion très tendue, Claude-Eric Paquin dit aux quatre que le Crédit Lyonnais n'honorera pas sa signature.

Claude-Eric PAQUIN, *directeur général d'Altus de 1993 à 1994, conseiller d'entreprise* : Cet engagement n'est pas suivi, parce que... je pense que la personne que vous citiez, c'est-à-dire le groupe PPR, est quelque part fort marri que cette opération, finalement, ait abouti...

– Pourtant, François Pinault avait dit « non » au départ.

– Oui, enfin il a peut-être dit « non » aussi parce qu'il pensait que... la CIP n'était pas le bon partenaire pour faire ce dossier.

– Il pensait que l'opération ne se ferait pas.

– Et qu'elle ne se ferait pas parce que CIP n'était pas, à l'époque, un partenaire acceptable. Il y a peut-être eu d'autres raisons. Je ne sais pas lesquelles.

C'est à François Gille, depuis peu directeur général du Crédit Lyonnais, qu'il revient en dernier ressort de trancher. Il n'est pas d'accord avec le protocole du 12 juillet qui, à ses yeux, consent aux quatre des avantages excessifs.

François GILLE : Nous avons pesé les risques judiciaires, puisqu'il y avait quand même un document signé, et nous avons, tous ensemble – et je dois dire que, pour la première fois, j'ai eu la satisfaction dans cette situation de crise d'une coopération véritable, d'un travail en commun avec Altus –, nous avons convenu ensemble qu'il fallait clairement dénoncer cet accord et que, comme nos partenaires – si je puis dire – allaient se braquer, la seule stratégie à suivre était de leur dire : « Ecoutez, Messieurs, vous avez fait un certain nombre d'opérations avec Altus, nous allons divorcer. »

Les quatre mousquetaires sont donc exclus. Et la FNAC est achetée, comme prévu, par Altus et la CIP. Peu après, François Pinault se manifeste auprès du Crédit Lyonnais pour racheter la FNAC.

François GILLE : François Pinault s'est manifesté juste après l'acquisition de la FNAC par Altus et par la CIP en semblant considérer que la FNAC était pour lui, que l'acquisition par Altus et par la CIP était injustifiée, qu'il aurait dû être consulté et qu'il avait une sorte de droit de priorité. En conséquence, il a, à ce moment-là, demandé une sorte d'option, de rachat au prix de revient d'Altus. Pendant l'été 1993, j'étais en charge du dossier, pendant les vacances. La réponse a été catégorique : « Non. » Il n'y a pas et il n'y aura pas d'option de rachat. A cette époque, je suis absolument certain de ce que je dis. Je l'avais vérifié moi-même auprès du président du Crédit Lyonnais. Il n'y a pas eu, et il a été prévu qu'il n'y aurait pas d'option au profit de François Pinault.

Eté 1993, les nuages s'amoncellent sur le Crédit Lyonnais dont les pertes s'accumulent. La gestion de Jean-Yves

Haberer est maintenant ouvertement contestée et le ministre des Finances, Edmond Alphandéry, a déjà évoqué son remplacement avec le Premier ministre, Edouard Balladur.

Jean-François HÉNIN : Au retour des vacances, Haberer me dit : « Vous savez, cette affaire de la FNAC prend des proportions absolument considérables. J'ai vu le ministre de l'Economie et des Finances qui exige des mesures draconiennes de contrôle d'Altus à la suite de cette opération. » N'étant plus l'opérationnel d'Altus, je prends bonne note de la réflexion. Et puis, un ami commun me dit : « Vous savez, vous avez maintenant contre vous Alain Minc, et vous ne pouvez pas garder un homme aussi influent, aussi déterminé à votre perte. Il faut faire la paix avec lui. » Je ne cherche qu'une chose, effectivement, c'est de faire la paix avec lui. Il est convenu d'un petit déjeuner, un matin à huit heures, chez Alain Minc avec cet ami. Petit déjeuner très conventionnel dans ses préambules. Nous en arrivons au cœur du sujet : cette affaire FNAC. Il apparaît que l'informateur de François Pinault, celui qui lui avait dit que le rachat de la FNAC ne se ferait jamais, était Minc. Et là... Alain Minc me regarde, pointe le doigt sur moi et me dit : « Je vais tuer Haberer, il ne s'en relèvera jamais. Quant à vous, vous serez une balle perdue dans cette affaire, c'est dommage pour vous mais je n'y peux rien. » Je sors de là en me disant... Mmm. Fin de l'histoire.

Alain MINC : Ecoutez, je n'ai pas souvenir d'un petit déjeuner de réconciliation, parce que je ne voyais pas pourquoi il y aurait réconciliation, parce que au fond Jean-François Hénin, je l'ai à peine croisé. Je ne m'en souviens pas du tout. En revanche, étais-je de ceux qui proféraient à haute voix l'idée que le Crédit Lyonnais allait dans le mur, le disais-je à qui voulait l'entendre, y compris aux personnalités politiques que je pouvais connaître ? Alors ça, c'est tout à fait exact. Il est évident que... à la limite, ce que j'avais vu du dossier FNAC, cette solution burlesque, me confirmait dans le fait qu'il était nécessaire de mettre un peu d'ordre dans cette maison. Je pense qu'en effet je n'ai pas du tout menacé, mais j'ai dit à mille personnes dans Paris, parce que en général j'exprime ce que je pense à tous les niveaux, qu'il fallait mettre fin à cette aventure.

Octobre 1994. Alors que Jean-Yves Haberer a été remplacé par Jean Peyrelevade, alors que la crise économique est au plus fort et qu'il faut recourir à l'aide de l'Etat pour éviter une faillite dramatique du Crédit Lyonnais, François Pinault rachète la FNAC : 1 milliard 176 millions la part de la CIP, un tiers. 1 milliard 336 millions la part d'Altus, deux tiers. C'est-à-dire un prix nettement moins avantageux pour la banque publique. Saint-Martin, Rossi et la FNAC Musique ne font pas partie de l'achat. Cette vente est conduite par Dominique Bazy, bras droit du nouveau président du Crédit Lyonnais, Jean Peyrelevade.

Dominique BAZY : Nous avons gardé FNAC Musique parce que nous nous sommes rendu compte, après l'acquisition de la FNAC, donc dans le courant de l'année 1994, que FNAC Musique était dans une situation extraordinairement compromise. Donc, la Générale des Eaux et nous avons géré tranquillement, en prenant des pertes qui ne sont pas considérables par rapport au prix de cession et au prix d'achat de la FNAC, mais en prenant des pertes de la FNAC Musique.

– De quel ordre ?

– Quelques dizaines de millions. Partagés avec la Générale des Eaux. Très confraternellement, la Générale des Eaux avait acheté un tiers de la FNAC, le Crédit Lyonnais les deux tiers et nous avons partagé un tiers et deux tiers, tout.

– Dans ces conditions, n'auriez-vous pas pu vendre la FNAC un petit peu plus cher ?

– On aurait eu d'autres acheteurs, sans doute que oui.

Sans la FNAC Musique, avec de grosses économies, en réduisant les frais généraux et en fermant la FNAC Berlin, il est possible d'économiser 150 millions de francs par an. Ce qui met la valeur réelle de la FNAC à un bon milliard et demi de francs de plus. Une belle, une très belle affaire.

Retour aux *junk bonds*. Retour à la Financière Pinault, société de tête du groupe. Novembre 1994. Le Crédit Lyonnais cède pour 1 milliard et demi à François Pinault les actions qu'il détient dans la société de tête du groupe, la Financière Pinault. En tranchant le lien qui l'unissait à la Financière Pinault, le Crédit Lyonnais perd tout ce qui protégeait ses intérêts ainsi que la rentabilité de sa participation. Du coup, les 25 % du Crédit Lyonnais dans Artémis ont peu de chance d'intéresser un autre acheteur que François Pinault lui-même. Loïc Deraison, qui avait fait le montage de la Financière Pinault et en connaissait toutes les conditions, n'est pas associé au démontage fait par la nouvelle direction.

Loïc DERAISON : Les personnels du Lyonnais étaient traumatisés à cette époque-là. Nous n'avions plus droit à la parole.

– Vous voulez dire que l'ancienne équipe n'avait plus droit à la parole ?

– Oui. Il y a eu le souci, de la nouvelle gestion, de mener la gestion des dossiers à sa manière.

– Comment analysez-vous les conséquences de la séparation, telle qu'elle était faite ?

– Je dois dire que j'en étais très... choqué. J'en étais déconcerté, très déconcerté.

– Pourquoi ?

– Parce que la rupture qui s'engageait était une rupture d'un partenariat fondamentalement important. A partir du moment où le Lyonnais n'a plus la main sur la Financière Pinault, aussi bien que sur Artémis, quel est l'intérêt de François Pinault – objectivement – à maintenir ce flux d'opérations communes qu'on montait ensemble ? Il n'y a plus aucun intérêt.

Dominique BAZY : Cette solution a été longuement exposée au conseil du Crédit Lyonnais en octobre 1994. Personne, à l'époque, n'y a trouvé à redire. Je dois vous dire très honnêtement, quand je fais mon examen de conscience, que je ne suis pas content de tout ce que j'ai fait, loin de là, mais cette opération me paraissait, comme je l'ai indiqué d'ailleurs au conseil du Crédit Lyonnais, rapprocher le Crédit Lyonnais des liquidités, tout en ne lui en apportant pas.

Peu après, début 1995, pour sauver le Crédit Lyonnais dont les pertes apparaissent de jour en jour plus lourdes, on sort de sa gestion un ensemble d'actifs compromis et de participations minoritaires pour les placer dans une structure dite de *defeasance*[1], le CDR. Les 25 % du Crédit Lyonnais dans Artémis font partie du lot. Edmond Alphandéry, alors ministre des Finances, ne prévoyait pas que, neuf mois plus tard, la loi imposant la séparation du Crédit Lyonnais et du CDR allait, du même coup, rompre les liens contractuels engageant François Pinault envers la banque.

Edmond ALPHANDÉRY, *ministre UDF des Finances de 1993 à 1995, président du conseil de surveillance de la CNP* : Pour dire la vérité, ce sont des questions qui ont été traitées avec attention par la Commission bancaire, par les services des Finances, par Jean Peyrelevade lui-même...

– Enfin, ils n'ont pas vu le piège pour Pinault, par exemple ?

– Je ne veux pas entrer dans ce détail. Ce piège n'aurait pas eu lieu si le lien entre le CDR et le Lyonnais n'avait pas disparu. A l'époque, lorsqu'on a fait le plan, le problème ne se posait pas.

Toujours est-il que, fin 1995, quand Michel Rouger prend la présidence du CDR, il découvre que, privés de toutes les clauses qui en faisaient la valeur à travers la Financière Pinault, les 25 % du Crédit Lyonnais dans Artémis sont difficilement vendables.

1. Pour se défaire.

Michel ROUGER : Pas de liquidités, pas de pouvoir, pas de dividendes. Qui voulez-vous qui achète une société, ou des parts d'une société, dans lesquelles il n'aura pas de revenu, il n'aura pas de pouvoir et il ne pourra pas revendre ce qu'il a acheté ? C'est une vue de l'esprit.

– Comment se fait-il qu'il n'y ait pas de liquidités, pas de... ?

– Ça s'est fait avant moi, je ne peux pas vous dire. Je n'ai jamais eu l'explication. Ce n'est pas auprès de moi que vous la trouverez. Il faut aller la chercher auprès de ceux qui ont fait évoluer leurs rapports avec le groupe Pinault de telle façon que le CDR se trouve dans la situation où il s'est trouvé.

– C'est-à-dire le Crédit Lyonnais ?

– Oui, enfin... bon.

Dominique BAZY : Je crois que nous avons hérité d'un produit, de deux produits, totalement invendables. Le plus invendable étant la Financière, la participation dans la Financière Pinault, société en commandite [1] encore une fois, donc totalement verrouillée, et d'un autre produit qui n'était pas beaucoup plus vendable, qui était Artémis. J'ai essayé de le rapprocher de la liquidité sur le premier. Ce n'était sans doute pas l'idéal. Ceci étant, François Pinault était bien conscient, et je crois qu'il était d'ailleurs désireux, quand nous avons passé nos accords, de nous sortir en liquidités, c'est-à-dire en argent, de la société du haut [2] au terme du contrat qui était – de mémoire – relativement court, puisqu'il était compris entre cinq et sept ans.

1. Le gestionnaire mandaté a tous les pouvoirs.
2. La Financière Pinault.

– Oui, mais Michel Rouger se retrouvait toujours avec un produit invendable.

– Artémis était difficilement vendable, c'est tout à fait clair. Il ne fallait sans doute pas rentrer dans une structure non cotée au départ. C'est une autre histoire et ni Michel Rouger ni moi n'en sommes responsables.

A la demande de Michel Rouger, un cabinet d'experts évalue alors à 2,5 milliards de francs maximum la participation du Crédit Lyonnais dans Artémis, pourtant inscrite dans les comptes du CDR pour 3,7 milliards de francs.

Michel ROUGER : Ce rapport d'experts me dit : « maximum 2 milliards et demi et c'est pratiquement invendable ». Je l'envoie au ministre et j'écris : « Monsieur le ministre, est-ce que vous maintenez cette participation dans notre mission ? Parce que si je la conserve dans la mission, non seulement je ne vais pas pouvoir vendre, mais je ne vais pas non plus pouvoir récupérer rapidement ce que je souhaitais récupérer du solde des crédits. » Le ministre étudie le dossier et me répond : « Vous mettez en vente dans telles et telles conditions. »

– Dans quelles conditions ?

– Un protocole. Le respect des droits du groupe Pinault, un prix de réserve à 1 milliard et demi comme le préconisait le rapport d'experts.

François Pinault, qui veut à tout prix reprendre les 100 % du contrôle de son groupe, propose la moitié du prix : 800 millions de francs. En même temps, le président de la République, Jacques Chirac, dont François Pinault est un proche, montre son impatience de voir la vente aboutir. Le ministre est sous pression.

Jean ARTHUIS, *ministre UDF de l'Economie et des Finances de 1995 à 1997, sénateur de la Mayenne* : A ce moment-là, nous avons eu une discussion extrêmement difficile, extrêmement exigeante, sur le prix de cette opération. J'ai accepté un prix à condition qu'il y ait une procédure stricte d'appel à la concurrence.

– Ce prix, quel était-il ?

– Le prix que j'ai fini par valider avec le CDR était de 1 milliard et demi, alors qu'à cette époque on pouvait estimer que la valeur était supérieure. Il était bien clair qu'à cette époque c'était un très bon prix. J'en acceptais le principe à la condition que la publicité faite fût d'une totale loyauté, d'une totale transparence. Et que le groupe Pinault s'astreigne à une obligation stricte de non-communication. Or, j'ai vu dans une interview dans *Le Figaro* l'indication du prix. Donc le pacte n'avait pas été respecté. Sur la base de cette constatation, j'ai considéré, dans l'intérêt de l'Etat, qu'il fallait absolument faire reprendre cette participation, non pas par François Pinault et son groupe, mais par l'EPFR.

L'EPFR ? Etablissement Public de Financement et de Restructuration. Il assure pour l'Etat le financement du CDR et garantit ses pertes. Nous sommes en 1997, le mois de mai arrive... Bientôt la dissolution de l'Assemblée nationale et de nouvelles élections législatives.

Jean ARTHUIS : Cette opération, je demande qu'on l'expertise. Dès le début du mois de mai. Elle va aboutir entre les deux tours des élections, ou à la veille du premier tour, je ne sais plus très bien. Je la mets sur les rails. Je demande à mes services, et chaque jour je rappelle à mon directeur de cabinet et au Trésor que je veux absolument qu'Artémis reste dans le périmètre public parce que les conditions n'ont pas été respectées. Voilà ce qui se passe. L'opération a été reprise au niveau de l'EPFR, et je trouve que c'est bien ainsi. J'ai tenu absolument à le faire avant de quitter le ministère.

In extremis, juste avant le retour de la gauche au pouvoir, la part du Crédit Lyonnais dans Artémis est rachetée au CDR par l'EPFR, c'est-à-dire par l'Etat, pour la valeur inscrite dans les comptes : 3,7 milliards de francs. François Pinault met alors en cause l'Etat et conteste la vente. Après deux années de contentieux, François Pinault rachètera, en 1998, la participation du Crédit Lyonnais dans Artémis. Le prix, 4,1 milliards de francs, correspond à la valeur inscrite alors dans les comptes du CDR. Pour François Pinault, qui récupère ainsi 100 % du contrôle d'un groupe estimé à 50 milliards de francs, c'est plutôt une très bonne affaire.

Michel ROUGER : Oui, c'est exact que pour lui c'est une bonne affaire, mais c'est plutôt une très mauvaise affaire pour celui qui avait décidé de lui permettre de faire cette bonne affaire. Or, ce n'est pas le CDR qui a décidé de mettre le groupe Pinault en position de faire cette bonne affaire. Le CDR a été victime du dispositif. Il n'y est absolument pour rien.

L'histoire se termine. Dernier en date des quatre ministres des Finances qui auront eu à démêler les enjeux du dossier Artémis, Dominique Strauss-Kahn aura peu à y intervenir.

Dominique STRAUSS-KAHN, *avocat, ministre socialiste des Finances depuis 1997* : Ce n'est pas par le fait que l'Etat était en cause, puisqu'il était attaqué et que nous avons désigné des avocats pour discuter avec ceux de François Pinault. Un accord a été trouvé dans des conditions, pour l'Etat, bien meilleures que la situation initiale.

– L'opération représente quand même un manque à gagner de plusieurs milliards pour l'Etat français.

– Le problème est de savoir combien on perd et d'essayer de limiter les dégâts. Il est clair que si les dossiers et les participations qui sont dans le CDR n'étaient pas des participations sur lesquelles il y a perte d'argent, il n'y aurait pas eu le problème du Crédit Lyonnais. Il y a un problème du Crédit Lyonnais, parce qu'il y a une foule de participations immobilières, industrielles, financières, qui ont été prises dans des conditions telles qu'au bout du compte, le Crédit Lyonnais – et une fois que ça a été séparé, l'Etat français – perd de l'argent. Oui, ça c'est sûr.

Combien ? La presse a parlé de plusieurs milliards de francs. Un chiffre, semble-t-il, impossible à évaluer exactement. En fait, nous ne savons pas.

Chapitre 5

L'heure des comptes

On ne peut bien comprendre ce qu'on appelle la catastrophe du Crédit Lyonnais sans connaître la profonde mutation de l'économie française à partir de 1983, sous la présidence de François Mitterrand. Le secteur bancaire y a, en effet, tenu un rôle essentiel. Et le Crédit Lyonnais plus que tout autre.
Jean Deflassieux a été président du Crédit Lyonnais de 1981 à 1986. Nommé au début du premier septennat de François Mitterrand, il est le seul président du Crédit Lyonnais à être sorti de ses rangs après y avoir fait toute sa carrière.

Jean DEFLASSIEUX : Notre métier, c'est d'être chargés de l'argent des autres. Vous vous rendez compte : l'argent des autres ! Ce qui vous intéresse, vous, c'est votre argent. Il y a deux catégories d'argent, votre argent et l'argent des autres. Son argent et l'argent des autres. Son argent, on fait attention. L'argent des autres, c'est l'argent du fisc... Regardez ce qu'on fait avec l'argent public... Toutes les choses que j'entends chaque jour à la télévision. Alors, le banquier est l'homme qui surveille votre argent, comme si c'était à lui. Vous vous attendez toujours à le trouver tout de suite, le lendemain, le jour même. Vous laissez votre dépôt à la banque et la banque le prête à quelqu'un d'autre pour une période plus longue. Or, vous avez le droit de venir le chercher le lendemain. Donc, vous voyez bien qu'il y a un problème. La banque, par l'habitude, par ses jeux de trésorerie, par la possibilité d'emprunter sur la place à ses collègues, ou bien à la Banque centrale, au marché monétaire, la banque reste liquide comme cela.

Lorsqu'elle consent un crédit important à un client, une banque emprunte l'équivalent à d'autres banques, ce qu'on appelle le marché interbancaire. Ces emprunts sont garantis par les fonds propres de la banque, c'est-à-dire le capital plus les réserves. Autrement dit, actions et biens immobiliers. Plus elle a de fonds propres, plus elle peut faire crédit. Du volume de ces fonds propres dépendent donc le volume d'activité et le développement de la banque. Or, le Crédit Lyonnais, banque privée née au siècle dernier et nationalisée en 1945, n'a jamais été recapitalisée depuis.
Bernard Thiolon, directeur général du Crédit Lyonnais pendant sept ans, de 1985 à 1992, a vécu sous trois présidents successifs ces années de profonde mutation du métier bancaire et du Crédit Lyonnais.

Bernard THIOLON : Je me souviens, quand je suis arrivé à la direction générale du Crédit Lyonnais, en 1985, que nous avions une situation financière où les fonds propres du Crédit Lyonnais étaient inférieurs à 10 milliards de francs alors que les créances sur les pays dits insolvables étaient de 37 milliards. Cela correspond à une pyramide inversée. Au lieu de s'asseoir sur un matelas de fonds propres, on était une pyramide la tête à l'envers.

Toutes les banques du monde occidental avaient alors des créances sur les pays en voie de développement et il était clair que ces créances risquaient d'être perdues à 50 %, ou 60 % au moins. Le Crédit Lyonnais doit donc retirer de ses gains, en trois ans, de 1996 à 1998 sous la présidence de Jean-Maxime Lévêque, 11 milliards pour compenser ses pertes.
Au milieu des années 80, le Crédit Lyonnais compte 550 filiales réparties dans 85 pays, et 88 millions de clients. Première banque européenne, une des premières au monde, un empire sur lequel le soleil ne se couche jamais. Mais en changeant de taille peu à peu, les systèmes de contrôle de l'ensemble du groupe sont devenus caducs.

Bernard THIOLON : Cette organisation était trop lourde pour assurer le développement de la maison dans toutes ses parties géographiques très lointaines. Je m'explique. Vous avez un client par exemple à San Francisco ou dans le sud de l'Argentine. Si vous devez, pour un gros crédit, remonter tous les échelons, vous devez respecter à peu près sept ou huit échelons de décision. Dans le monde de la globalisation des marchés, ce n'est plus possible. Le client aura été voir ailleurs quelqu'un qui peut prendre une décision plus rapide. Donc, on a mis fin à cette organisation et chaque directeur, dans ces grandes directions, a des pouvoirs de décision sans limitation... de montant. Sans limitation de montant. Charge à eux de venir rapporter à un comité des risques, qui se tenait deux fois par semaine, pour toute opération qui était anormale... qui sortait de la norme traditionnelle des crédits, ou qui comportait un risque particulier, par exemple un risque pays[1], ce qu'on appelle un risque transfrontière, ou des risques qui faisaient peser des risques trop importants sur la trésorerie de la maison, ce qu'on appelle un risque de transformation, quand on transforme de l'argent court en argent long. C'est ce comité des risques, bihebdomadaire, qui se réunissait et qui décidait, présidé par le président quand il était là, ou par le directeur général, par moi-même, des risques qui lui étaient soumis.

En 1986, c'est la première cohabitation de la présidence de François Mitterrand. Jacques Chirac devient Premier ministre, Edouard Balladur ministre des Finances. On parle beaucoup de dénationalisations et de privatisations des grandes entreprises publiques. Le Crédit Lyonnais fait bien sûr partie des changements annoncés. Jean Deflassieux, socialiste militant, dérange.

Jean DEFLASSIEUX : J'ai appris mon remplacement par les bruits de presse. Organisés. Vous savez, les cabinets sont là pour chuchoter... pia, pia, pia. On voit arriver le coup. J'y étais prêt. Mon successeur m'a téléphoné pour me le dire. J'ai été appelé au ministère des Finances où j'ai été reçu par Jacques Friedmann[2] qui m'a dit que le gouvernement ne pensait pas que j'étais l'homme le plus qualifié pour privatiser le Crédit Lyonnais, pour amener

1. Prêts à des pays à risque.
2. Conseiller du ministre.

le Crédit Lyonnais sur le marché. Ce qui était évident, n'est-ce pas ? J'ai répondu qu'il s'agissait, en matière technique de privatisation, de gonfler le sac en papier, mais que je n'étais pas fait pour amener sur le marché et vendre mes collègues, mes amis, mes camarades, mon personnel, ma banque. Ma banque, je dis *ma*... parce que c'est moi qui appartenait à la banque.

– Qu'est-ce que vous voulez dire par la technique du sac en papier ?

– C'est très facile. Il s'agissait simplement de dire que, pour vendre, il suffit de vendre bon marché. Voilà. Si vous bradez, vous vendez facilement. Voilà ce que j'ai dit. Je le pensais.

– Donc, pour le gouvernement, Jean-Maxime Lévêque était mieux placé...

– Je ne sais pas pourquoi. Jean-Maxime Lévêque avait créé un petit mouvement politique et il s'est rallié à ceux qui sont devenus la majorité. Il a touché... à la mode américaine. Il a touché son dividende. A l'époque, il avait la réputation d'être un banquier, quand même. Donc, on lui a donné le Crédit Lyonnais, qui valait bien un ministère, croyez-moi. Dans mon esprit, dans le sien aussi...

– C'est normal que ce soit votre successeur, Jean-Maxime Lévêque, qui vous annonce officiellement...

– Non, non... Enfin, il devait être tellement impatient ! C'est comme ça... Non, mais le gouvernement s'est excusé.

Le nouveau président, Jean-Maxime Lévêque, est un banquier. Ancien conseiller économique du général de Gaulle, président du Crédit Commercial de France, il a fondé un petit parti politique, Unir, qui milite pour la privatisation de grandes entreprises publiques.

Jean-Maxime LÉVÊQUE : Il était évident, étant donné la position extrêmement affirmée que j'ai prise depuis toujours contre les nationalisations et en faveur des privatisations, que Jacques Chirac avait l'intention de me faire jouer un rôle dans le processus de privatisation.

Après son ralliement lors des élections, Jacques Chirac lui avait promis de créer pour lui un ministère de la Privatisation, qu'il a finalement donné à un autre.

Jean-Maxime LÉVÊQUE : Je lui ai demandé de redevenir président du Crédit Commercial de France. Il a refusé en me disant qu'il pensait à des choses plus importantes pour moi. Je pense qu'en réalité, il avait déjà promis ce poste à un autre et ce sont les conditions dans lesquelles j'ai été nommé finalement président du Crédit Lyonnais. Je n'ai accepté qu'à la condition qu'il me soit assuré qu'il n'y avait pas d'objections pour privatiser le Crédit Lyonnais rapidement. Ce qui m'a été assuré.

Bernard THIOLON : Donc, il est arrivé au Crédit Lyonnais pour réaliser la privatisation. Et il a pris les choses avec beaucoup de dynamisme. Son premier constat a été de dire : « Mais le Crédit Lyonnais dont on dit en France que c'est l'animal un peu malade de la place, n'est pas si malade que ça. Il a des problèmes, mais il faut les résoudre, et la privatisation va lui permettre d'extérioriser toutes les virtualités qu'il a en lui. »

Mais, à nouveau, les promesses à Jean-Maxime Lévêque sont oubliées. Le gouvernement préfère privatiser en 1987 une autre banque que le Crédit Lyonnais.

Bernard THIOLON : Jean-Maxime Lévêque est très, très déçu. Je le vois encore... Nous avions un Comité exécutif et il a été appelé par sa secrétaire. Il est revenu pâle, en disant : « C'est la Société Générale qui va être privatisée. » C'est le cabinet du ministre qui avait sans doute appelé. Il a marqué le coup très profondément parce que c'était vraiment tous ses espoirs qui étaient ruinés. Il était venu pour cela et il avait joué sa carte très loyalement au Crédit Lyonnais pour cette privatisation. Donc, pour lui, c'était la ruine de son espoir.

Jean-Maxime LÉVÊQUE : Je dois dire que je suis certain que rien de ce qui s'est passé par la suite ne se serait passé si le Crédit Lyonnais avait été privatisé, parce qu'il aurait bien été obligé de limiter son expansion à ses moyens. Et ces moyens ne pouvaient provenir que d'augmentations de capital lancées sur le marché. Par conséquent, il y aurait eu un contrôle. Voilà quelle était ma politique.

La première cohabitation ne dure que deux ans. En 1988, les élections ramènent les socialistes au gouvernement. Michel Rocard est Premier ministre. Jean-Yves Haberer remplace Jean-Maxime Lévêque à la présidence du Crédit Lyonnais. C'est un grand commis de l'Etat. Ancien directeur du Trésor et président de la banque

Paribas, il a aussi été l'un des créateurs du SME, le premier système monétaire européen. Sa rigueur et sa solidité pendant la crise du franc, quand il était au Trésor, lui valent l'estime du ministre des Finances, Pierre Bérégovoy. Jean-Yves Haberer arrive au Crédit Lyonnais au moment d'un nouveau dogme économique, le fameux ni-ni, proclamé par François Mitterrand : ni privatisation, ni nationalisation. Un dogme qui trouble profondément l'équipe du Crédit Lyonnais qui comptait sur la vente en Bourse des actions de la banque pour trouver l'argent nécessaire à son développement. Plus tard, quand le Crédit Lyonnais sera au bord de la faillite, on chargera Jean-Yves Haberer de tous les maux, faisant de sa gestion la seule cause de la catastrophe. Il témoigne publiquement, pour la première fois.

Jean-Yves HABERER : Quand je suis arrivé, c'était le grand moment de déception. Ils se disaient : « Sans privatisation, comment est-ce qu'on va se faire des fonds propres, face à la concurrence des banques privées ? » Le ni-ni nous pénalisait dans la mesure où il nous interdisait de trouver sur le marché des fonds propres au moment où l'imminente installation du ratio Cooke, qui exigeait qu'on en ait beaucoup plus, aurait dû nous permettre d'aller en chercher sur les marchés financiers. C'était un handicap absolument énorme par rapport aux banques privées. Handicap dont Pierre Bérégovoy a été conscient continuellement, ce qui l'a amené à faire ce qui n'avait jamais été fait auparavant : des augmentations de capital des banques publiques, qu'il a financées en apportant des titres de participation dans d'autres entreprises publiques.

Banque publique, le Crédit Lyonnais est sous la tutelle de la direction du Trésor au ministère des Finances qui représente l'Etat actionnaire au sein du conseil d'administration. Le contrôle est encore exercé par la Banque de France et son bras armé, la Commission bancaire. La Cour des comptes, enfin, contrôle les comptes de toutes les entreprises publiques. En 1989, l'Etat est actionnaire à 75 % de la banque. Mais il n'a pas les moyens de lui donner les fonds propres supplémentaires nécessaires à son activité, 18 milliards de francs qu'on demande à l'ingénierie financière de fabriquer par une augmentation du capital et un échange d'actions entre le Crédit Lyonnais et des entreprises publiques. C'est – sur le papier – autant de fonds propres pour la banque.

Bernard THIOLON : C'était intelligent, c'était imaginatif, cela n'avait qu'un inconvénient, c'est que ces titres n'avaient que la valeur que voulait bien leur donner la Bourse. Donc une valeur fluctuante. Or, la raison d'être de fonds propres, c'est d'être permanents dans leur valeur. On doit toujours pouvoir compter sur eux, puisque le fond propre assure ce qu'on appelle le coefficient de solvabilité de la banque. *In fine*, c'est lui qui permet de rembourser toutes les dettes de la banque. Là, c'était un concept qui échappait au contrôle, puisque, par exemple, lorsque l'Etat nous apportait les titres d'Usinor, le titre pouvait être à 100 aujourd'hui et à 50 demain. S'il venait à 50, nous avions perdu la moitié des fonds propres que nous avions créés. Or, en contrepartie des fonds propres qu'on nous avait fabriqués par ces apports, nous, nous avions pris des engagements, mais nous ne pouvions pas dire à nos clients : « Remboursez-nous. »

– C'est pour ça qu'on a dit que l'Etat vous avait payé en fausse monnaie ?

– C'est un petit peu ce concept.

– C'était des fonds propres non réalisables, alors que vous aviez besoin d'argent réalisable, liquide.

– Oui, et d'une valeur indiscutable, permanente et liquide.

François GILLE : Ces titres, après quelques mois de présence dans le bilan du Crédit Lyonnais, dégageaient déjà plus de 2 milliards de pertes. Ce sont donc de curieux fonds propres, que des fonds propres qui, dans le premier exercice, vous mettent en perte. Normalement, les fonds propres doivent alimenter votre capacité bénéficiaire. Là, les fonds propres faisaient le contraire, généraient des pertes.

Egalement bénie par Bruxelles, l'opération dérange pourtant le directeur du Trésor, Jean-Claude Trichet, qui aurait préféré une autre solution, voire une privatisation partielle.

Jean-Yves HABERER : Les titres que j'aurais voulu avoir, qui étaient Elf-Erap, France Telecom et quelques autres denrées particulièrement attrayantes, le ministère des Finances n'a pas voulu nous en apporter.

– Vous avez protesté auprès du ministère des Finances ?

– Oh, oui ! Bien entendu, mais le ministère des Finances, c'était déjà bien qu'il consente à nous apporter des titres.

On fait donc comme on peut. Et comme si ces fonds propres garantissaient suffisamment l'avenir de la banque. La course aux fonds propres est, en effet, d'autant plus vitale pour l'avenir de la banque qu'une nouvelle règle mondiale doit bientôt entrer en vigueur. C'est le ratio Cooke qui fixera à 8 % le rapport obligatoire entre les fonds propres et les actifs pour un volume de crédit donné.

Jean-Louis BUTSCH : Le ratio Cooke, le ratio de solvabilité, c'est un rapport entre les fonds propres et les actifs. Il faut 8 % de fonds propres, 8 % de ses actifs. Si vous ne les avez pas, il y a deux méthodes, soit augmenter vos fonds propres, augmenter le numérateur, soit diminuer vos actifs, diminuer le dénominateur. Comme il est difficile pour une banque quelle qu'elle soit de diminuer le dénominateur, c'est-à-dire de se faire rembourser les crédits consentis avant l'échéance, il n'y a pas d'autre solution que d'augmenter les fonds propres, augmenter le numérateur.

Or, le Crédit Lyonnais n'est alors qu'à la moitié du ratio qui doit entrer en vigueur quatre ans plus tard, quatre ans pour combler le retard. La voie est étroite. La voie est étroite aussi pour faire, en même temps, du Crédit Lyonnais la banque performante souhaitée par le ministre des Finances en y installant Jean-Yves Haberer.

Jean-Yves HABERER : Le Crédit Lyonnais n'est pas une banque qui m'était inconnue. D'abord, j'avais vécu au

Trésor pendant 18 ans. Donc, j'avais déjà été en relation avec les présidents successifs du Crédit Lyonnais et puis, j'avais été membre de son conseil d'administration pendant 10 ans, de 1972 à 1982. Je savais à peu près ce qu'était le Crédit Lyonnais. En tout cas, je croyais le savoir. C'est-à-dire une très grande machine bancaire, un peu archaïque, moins productive que les autres et moins bénéficiaire que les autres. Malgré tous les efforts de ses présidents successifs, elle était à la traîne par rapport à la Société Générale et à la BNP. Cela, je le savais. Donc, il nous fallait du temps pour soigner et faire évoluer nos problèmes de structure. Il fallait néanmoins, pendant cette période, faire bonne figure et avoir, si possible, des résultats bénéficiaires. Notre stratégie était claire : pas de croissance en France, pour moi pays maudit pour les banques parce que le pays où les marges bancaires sont le plus écrasées et où, en plus, on souffrait de la concurrence à armes inégales du Crédit agricole et du Crédit mutuel et des Caisses d'Epargne. Donc, l'axe de la stratégie a été d'emblée, et pendant toute la durée de mon séjour, c'est-à-dire pendant cinq ans, d'essayer de mettre la main sur des centres de profit performants extérieurs au Crédit Lyonnais, de les annexer au Crédit Lyonnais pour qu'ils nous donnent le temps de faire nos mutations internes.

C'est alors, en 1990, toujours par un échange de titres avec Thomson, autre groupe public, la prise de contrôle d'Altus finance qui apporte au Crédit Lyonnais 10 milliards de vrais fonds propres (plus 5 de fonds propres assimilés), augmentant considérablement son niveau d'activité. Cette année-là, le Crédit Lyonnais pavoise. Son bilan est passé à 2 000 milliards de francs. Le résultat, annoncé trois mois plus tard, au printemps 1991, affiche le plus fort bénéfice de son histoire : 3,7 milliards de francs.

Jean-Yves HABERER : C'est notre croissance qui nous a apporté des fonds propres. Par exemple, nous prenons le contrôle majoritaire d'Altus. Cela augmente nos fonds propres de 15 milliards. Nous prenons le contrôle du Credito Bergamasco en Italie, il nous apporte des fonds propres. Il ne nous coûte pas de fonds propres. L'opération la plus importante de croissance externe, celle dont je suis le plus fier, la prise de contrôle, en Allemagne, d'une banque importante [1]. Nous faisons toute cette opération, qui coûte des milliards de marks, sans qu'elle nous coûte 1 franc de fonds propres. L'opération résulte de toute une ingénierie financière extrêmement compliquée, qu'on ne peut guère expliquer en une minute. L'acquisition du contrôle de la BfG validait nos stratégies européennes, préparait le marché unique et la monnaie unique. Nous allions être la seule banque étrangère présente en Allemagne. Cela m'avait été dit à la Bundesbank. On m'avait dit dans la langue de communication de la Bundesbank : « *You are the first, but you are the last to enter Germany.* »

Pourtant le ver est déjà dans le fruit. Deux ans plus tôt, en effet, malgré les ordres de Jean-Yves Haberer, le Crédit Lyonnais a été entraîné dans l'achat de la MGM par Parretti. Lorsqu'il l'apprend, en avril 1991, Jean-Yves

1. La BfG, Bank für Gemeinwirtschaft.

Haberer offre sa démission à Pierre Bérégovoy qui la refuse. On est encore au début de cette affaire qui coûtera finalement 10 milliards au Crédit Lyonnais. Les équipes de la banque publique commencent aussi à peine à découvrir le problème de la Sasea, dont la faillite, un an plus tard, mettra le Crédit Lyonnais en perte. Enfin, Altus vient de faire de grosses pertes sur des positions de change : 400 millions de francs d'un coup.

François GILLE : Les comptes de 1990 ont été arrêtés en avril 1991, nous commencions à nous faire très sérieusement des soucis sur la situation MGM, sur notre débiteur Parretti. Nous étions, évidemment, à l'époque, tout au début de nos investigations, et nous étions strictement incapables d'effectuer un chiffrage comptable. Nous avons pris le parti, en 1991, de reporter sur 1992 une partie du provisionnement que nous aurions pu faire dès 1991.

Jean-Louis BUTSCH : Une provision, c'est quoi ? C'est une part de bénéfice de la banque qui est mise de côté pour couvrir la perte éventuelle sur ce client. Si le montant des provisions devient trop important, la banque en question, au lieu de faire un bénéfice, fera une perte, parce que le montant des provisions dépasse son bénéfice courant. Je crois me souvenir que nous avons demandé au Crédit Lyonnais, je pèse mes mots, de constituer les provisions pour le montant objectif qu'il convenait sur un certain nombre de dossiers. Je suis à peu près sûr que dans l'énumération des noms (on ne donnait pas de chiffres, mais des noms et on disait : « Il faut provisionner convenablement ») il y avait MGM et Sasea. Je suis sûr.

– Pourtant, cela n'a pas été fait.

– Cela n'a pas été fait ! C'est sous la responsabilité des dirigeants et du conseil d'administration du Crédit Lyonnais. Encore une fois, la Commission bancaire ne participe pas à l'arrêté des comptes. Elle appelle l'attention, et ensuite c'est la responsabilité des intéressés.

François GILLE : Dans la mesure où vous avez le double métier d'arrêter les comptes et de suivre un certain nombre de dossiers difficiles, vous êtes un peu écartelé entre la volonté indispensable de tirer le meilleur de ces dossiers difficiles et... la sincérité que vous devez manifester dans l'établissement de vos comptes. Et j'avoue, je reconnais que, dans ces années-là en tout cas, en arrêtant les comptes de 1991, je dirai que l'aspect volontaire l'a certainement emporté sur l'aspect prudence comptable.

Mais qui pense à être prudent quand tout semble aller bien ? MGM est maintenant sous contrôle et Sasea n'a pas encore livré ses terribles vérités. On ne provisionne pas MGM et les résultats de l'année seront encore exceptionnels. Au courant de l'été cependant, les premières rumeurs sur les risques pris par la banque commencent à courir. Pendant ce temps, toujours à la recherche de nouvelles sources de profit, Jean-Yves Haberer poursuit son projet de participation active aux entreprises industrielles, ce qu'on appelle alors la banque-industrie. Il prend des participations dans des dizaines d'entreprises et, selon un modèle fort développé en Allemagne, il renforce le capital des grands groupes dont la banque favorise le développement. Entre autres Arnault, Pinault,

Bouygues, Bolloré. Au total un investissement de 30 milliards de francs.

Jean-Yves HABERER : Quand on a une participation, on a le dividende. Normalement, on prend des participations dans des entreprises qui gagnent de l'argent, donc on a un dividende. Bien. Deuxièmement, les prestations de services et les crédits que l'on facture à l'entreprise dont j'ai dit qu'en échange elle nous fait travailler un peu plus. Donc, encore des recettes d'exploitation. Et puis, troisièmement, il faut attendre quelques années et quand l'entreprise a quelques difficultés de cycle dans son secteur ou dans l'économie, il faut attendre, il faut donner du temps, mais on a toujours des revalorisations. Alors, au total : dividendes + facturation de services + revalorisation – mais pas chaque année, de temps en temps, mais grosse valorisation –, croyez-moi, ça rapporte plus d'argent que de faire du crédit comme les banques commerciales le font avec des marges étroites, des marges étranglées qui couvrent à peine les frais d'exploitation.

Bernard THIOLON : Il est certain que le concept de banque-industrie aidait les pouvoirs publics de manière intense, parce que ce concept, Jean-Yves Haberer l'appliquait à de grandes sociétés. On l'appliquait aussi activement à beaucoup de PME. Nous avions plusieurs sociétés de développement de fonds propres des PME et nous prenions des participations, qui se sont révélées d'ailleurs souvent bonnes. Cela a permis d'activer tout le tissu industriel et d'entreprises françaises à un moment où, la crise aidant, arrivant, on était dans une période angoissante pour l'économie française. Donc, il y avait, si vous voulez, un double discours qui n'était pas très clair. C'est que, au niveau macro-économique, le gouvernement faisait une politique, et au niveau du Crédit Lyonnais, il le laissait faire ou il l'incitait à faire une autre politique, sans lui donner les moyens de la poursuivre.

Michel Sapin, déjà membre du gouvernement, succédera bientôt à Pierre Bérégovoy, au ministère de l'Economie et des Finances.

Michel SAPIN, *ministre socialiste des Finances de 1992 à 1993, président du conseil régional du Centre* : Il y avait dans la politique de Jean-Yves Haberer deux choses. Premièrement, un discours qui plaît à tout gouvernant et qui était simple : « Moi, banquier, je prends des risques, je soutiens les entreprises, je crée des emplois. » Et quand vous avez un banquier qui non seulement le dit mais le fait, prend des risques, soutient les entreprises et crée des emplois, le politique, quel qu'il soit, dit : « Monsieur, bravo, vous faites ce que tous les banquiers ne font pas, et ce que nous aimerions que tous les banquiers fassent. » C'est le premier aspect. Deuxième aspect, au fur et à mesure que Jean-Yves Haberer sentait que les risques qu'il avait pris étaient en train de se heurter à une évolution conjoncturelle qui lui était défavorable, défavorable à l'économie française d'ailleurs mais qui lui était d'autant plus défavorable, il a commencé à tenir aussi des discours très critiques vis-à-vis de la politique menée par le gouvernement de Pierre Bérégovoy, moi-même et le président de la République : la stabilité monétaire, la construction de la monnaie unique, qui était un des enjeux historiques du moment d'ailleurs, dont on voit l'aboutissement avec la création dans de bonnes conditions de la monnaie unique. Donc, il a développé un discours négatif vis-à-vis d'une part fondamentale de la politique du gouvernement, à partir de sa propre situation qu'il commençait à percevoir comme difficile à surmonter de l'intérieur de l'entreprise.

En fait, le drame du Crédit Lyonnais se noue à ce moment-là. Pendant l'année 1991. Avec la guerre du Golfe, le monde est entré en récession. L'économie stagne. Pour accompagner la réunification allemande, la France poursuit sa politique de stabilité monétaire et maintient des taux d'intérêt élevés qui, restreignant les crédits, rendent tous les jours plus périlleuse la vie des entreprises. Mais personne ne prévoit alors que le pire est encore à venir.
Or, quand les choses vont mal, le banquier ne peut que les constater, dans les comptes. Jamais avant. Toujours après. Il vaut mieux donc savoir le plus vite possible. Le plus précisément possible. Le plus exactement possible.
Claude Rubinowicz, ancien collaborateur de Pierre Bérégovoy au ministère des Finances, a rejoint dès 1989 la direction générale du Crédit Lyonnais, où il est chargé de la réorganisation du groupe.

Claude RUBINOWICZ : La volonté permanente de Jean-Yves Haberer a été de mettre en place des contrôles. Il n'y avait pas de contrôle des engagements au niveau centralisé. Chaque direction avait son propre système de contrôle, donc était à la fois – quelles que soient la bonne foi des gens et leur compétence dans leur domaine –, dans une sorte de conflit d'intérêts. C'était la même direction qui voulait faire l'emploi, qui voulait faire le prêt ou qui voulait faire l'investissement, et qui jugeait de son opportunité en termes de risques.

Spécialiste de la comptabilité informatique dans le groupe Thomson CSF, Eric Blot-Lefèvre a été engagé par Jean-Yves Haberer pour réorganiser les systèmes comptables du Crédit Lyonnais.

Eric BLOT-LEFÈVRE, *directeur de la trésorerie du Crédit Lyonnais de 1992 à 1994, trésorier de Thomson* : Dans ces dix dernières années, vous constaterez que les gens qui sont venus au Crédit Lyonnais pour travailler sur une solution sont souvent repartis dans les deux ans qui suivaient. Et pas forcément bien traités. Il y avait manifestement une très grande hostilité, pas de l'ensemble de la direction générale mais d'un certain nombre de collaborateurs importants du Crédit Lyonnais. Un certain nombre de chantiers sont restés en suspens et, surtout, les décisions ont été reportées.

Jean-Yves HABERER : C'est vrai que j'ai cherché à faire entrer du sang nouveau par des recrutements extérieurs, de qualité, ce que l'excellente image du Crédit Lyonnais permettait et, si vous permettez, ce que la mienne aussi permettait. Un certain nombre de personnes sont venues parce que j'étais le patron. Au bout de deux ans, deux ans et demi à peu près, on est venu me trouver, les directeurs généraux adjoints, les barons, sont venus me trouver pour me dire : « Bon, Président, c'est très bien, il fallait du sang nouveau, mais enfin ça y est, il est là. Il ne faut pas faire plus parce que ça perturbe, ça démoralise. Vous êtes très populaire dans la banque, vous allez devenir impopulaire et on ne va pas bien travailler parce que chacun va regarder par-dessus l'épaule de son voisin. Vous créez des rivalités, des émulations, alors qu'il faut travailler en équipe, etc. » J'ai, à ce moment-là, commis l'erreur, en effet, d'arrêter pratiquement les recrutements extérieurs.

– A quelle époque ?

– Au bout de deux ans, deux ans et demi, donc ça veut dire 1991.

Eric BLOT-LEFÈVRE : Il manquait des schémas comptables. Il existait des méthodes de traitement informatique qui étaient trop déficientes pour parvenir à un résultat exact et en temps réel. Donc la détermination des risques, la détermination des résultats, d'une part, n'était pas exacte. Il y avait un problème de définition, il y avait un problème d'exactitude. D'autre part, les résultats, lorsqu'ils sortaient, arrivaient trop tard, beaucoup trop tard.

Jean-Yves HABERER : J'ai toujours lu les réalités de ce que faisait le Crédit Lyonnais dans un rétroviseur, c'est-à-dire qu'en septembre j'apprenais ce qui s'était passé dans les six premiers mois de l'année, et en mars j'apprenais ce qui s'était passé dans toute l'année qui précédait. Je vivais avec un rétroviseur et donc avec des réunions sur les comptes qui étaient toujours des réunions avec des surprises, bonnes nouvelles ou mauvaises nouvelles. Je ne pouvais pas considérer comme des indicateurs de gestion les notes dactylographiées ou manuscrites qu'on m'envoyait ici et là pour me signaler qu'il y avait des problèmes ou qu'il y avait de mauvaises surprises.

Les comptes, arrêtés de six mois en six mois, ne suivent pas le rythme de l'évolution économique. Et personne ne voit venir le marasme. Les affaires stagnent. Les prix des marchés immobiliers commencent à fléchir. La rumeur rapporte alors à la Commission bancaire que le Crédit Lyonnais ne contrôle pas assez ses filiales. Le groupe en compte 550. Au mois de septembre 1991, la Commission bancaire, inquiète, décide de la mise « sous surveillance » du Crédit Lyonnais, c'est-à-dire qu'elle entre dans un processus de contrôle détaillé. Elle commence par les trois principales filiales, Altus d'abord, puis Clinvest et la SDBO. Et elle commence aussi le contrôle d'IB.SA.

Jean-Louis BUTSCH : Il faut bien définir ce qu'on entend par « sous-surveillance ». De toute façon, toutes les banques sont surveillées par la Commission bancaire. Il s'agit là d'une surveillance toute particulière, c'est-à-dire que les services de la Commission bancaire, tous les trois mois (puisque c'est tous les trois mois que les banques sont tenues de fournir un certain nombre de chiffres), les situations trimestrielles d'un établissement mis sous surveillance plus étroite sont examinées d'une manière plus approfondie. On pose davantage de questions, on se pose à soi davantage de questions. Cela débouche sur un contrôle sur place si on ne trouve pas directement dans les documents reçus ou dans les réponses obtenues aux questions posées une satisfaction totale et un apaisement total. Mais c'est toujours très compliqué. On vous répond que c'est Monsieur X ou Madame Y qui gère ce dossier, qu'il n'est pas là aujourd'hui, qu'il ne sera là que demain. Le lendemain arrive. Monsieur X ou Madame Y n'a pas pris avec lui le document dont on avait besoin parce qu'il ne savait pas que l'inspecteur allait demander ce document. C'est un travail qui prend des jours et des jours pour aller jusqu'au fond. Et il faut faire preuve d'une grande patience, mais aussi de beaucoup de ténacité et de beaucoup de métier pour aller jusqu'au bout des investigations.

François d'Aubert, député de la Mayenne, sera trois ans plus tard rapporteur de la commission parlementaire pour le Crédit Lyonnais, puis secrétaire d'Etat au Budget du gouvernement Juppé.

François d'AUBERT : Financièrement, les gens du Crédit Lyonnais, en termes d'ingénierie financière, d'agilité dans les combinaisons compliquées, etc., étaient beaucoup plus forts que les gens de la direction du Trésor. C'était vraiment la comparaison entre des gens qui ont été en Math sup, et d'autres en classe de troisième, à peu près. J'ai été sidéré par le niveau très moyen de quelqu'un qui était en charge du dossier. En plus, il y avait une espèce de révérence psychologique à l'égard d'Haberer qui était considéré comme une espèce de statue du Commandeur, pour des générations entières d'inspecteurs des Finances et d'administrateurs civils du ministère des Finances. Et puis, il y avait aussi, un petit peu, quelques questions d'intérêts. Parce que... bon... toutes ces banques nationalisées, à l'époque, c'était un débouché toujours possible, pour des fonctionnaires du Trésor.

Jean-Louis BUTSCH : Nous commençons par travailler sur les filiales parce que les dossiers les plus importants étaient dans les filiales. La deuxième raison, c'est que notre visibilité était plus grande sur le Crédit Lyonnais maison mère que sur les filiales. Il faut dire que le Crédit Lyonnais, c'était, en consolidé, 2 000 milliards de total de bilan, 70 000 agents dans le monde entier. Ce n'est pas une mince affaire que de faire le tour d'un groupe de cette importance. C'était le premier groupe bancaire français, à l'époque.

Fin 1991, peu à peu, le temps se rétrécit. Pendant que la Commission bancaire épluche les dossiers des filiales, le marché immobilier continue à baisser et les rumeurs à se répandre. Jacques Bonnet est président de la première chambre à la Cour des comptes, l'organisme chargé de contrôler les comptes de toutes les entreprises publiques.

Jacques BONNET : Il y avait pas mal de bruits qui circulaient dans Paris selon lesquels les banques françaises étaient assez engagées sur le marché de l'immobilier et que, par conséquent, elles encouraient des risques. On a voulu voir ce qu'il en était pour les banques publiques. On a donc fait une enquête générale sur l'ensemble des banques publiques, enquête dont les résultats ont été publiés en 1993. Cette enquête, lorsqu'elle a été publiée, a été rendue anonyme, c'est-à-dire qu'on n'a pas indiqué le montant des pertes qui revenaient à telle banque plutôt qu'à telle autre. On s'est borné à un panorama global de la situation des banques publiques vis-à-vis de l'immobilier. Mais en faisant cette enquête, les rapporteurs de la Cour se sont rendu compte que le Crédit Lyonnais était beaucoup plus engagé, et dans des conditions difficiles, donc risquait de subir beaucoup plus de pertes que ses collègues sur ce marché.

D'après les professionnels, 200 à 300 milliards de francs d'engagements immobiliers pour l'ensemble des banques, dont 50 pour le seul Crédit Lyonnais. L'estimation de la Banque de France n'arrive qu'à la moitié. On ne prévoit alors que 10 à 20 % de pertes. Ce sera, au bout du compte, plus du double. Pour l'instant, le gouverneur de la Banque de France [1] veut surtout calmer les esprits et réunit l'ensemble des banques engagées.

Jean-Yves HABERER : Les instructions de la Banque de France portaient sur les provisions, avec toutes sortes de modalités techniques. Elle envisageait de les faire graduellement en se référant aux précédents systémiques qu'elle avait gérés avec beaucoup de savoir-faire et de sagesse, qui avaient été les risques de la dette des pays en développement dans les années 80 à 90.

– C'est-à-dire d'étaler les provisions ?

– C'est-à-dire d'en faire chaque année sur plusieurs années.

– La loi autorise ce genre de comportement ?

– Naturellement, la loi qui définit les responsabilités de la Banque de France lui enjoint de veiller au bon fonctionnement du système bancaire.

1. Jacques de Larosière, de 1987 à 1993.

François GILLE : Personne ne s'est offusqué qu'au moment de la crise du Mexique et de l'Amérique latine, les banques provisionnent par étapes, d'abord 5 %, puis 10 %... L'effort de provisionnement a été étalé sur dix ans, parce que si tout avait dû être fait dès la première année, il n'y aurait plus eu de système bancaire français. Donc, la survie du secteur bancaire français n'a été assurée que par l'étalement du provisionnement des risques sur l'Amérique latine.

Claude RUBINOWICZ : On n'a pas dit telle banque, Crédit Lyonnais, BNP, Société Générale ou d'autres, est au bord de la faillite à cause des risques pays. Les sommes en jeu, pour l'époque, étaient très importantes. Simplement, la gestion a été faite progressivement. De la même façon, au début des années 90, dans un premier temps, la Commission bancaire et la Banque de France souhaitaient que la gestion du risque immobilier soit effectuée dans le temps. On peut en discuter. Est-ce une bonne chose ? Est-ce une mauvaise chose ? Trop vite, trop lentement... mais cette gestion des gros risques, lorsqu'il y a un retournement de conjoncture économique ou lorsqu'il y a un retournement structurel de certains risques, risque pays ou risque sectoriel, se fait, bien évidemment, avec les autorités de contrôle et les autorités de tutelle. Ce n'est pas une banque qui décide toute seule dans son coin : j'adopterai telle ou telle politique.

Pierre DESPESSAILLES : On pensait que les choses allaient s'améliorer et que, par conséquent, on avait intérêt à étaler sur deux ou trois ans des provisions massives, de façon à ne pas déséquilibrer les bilans et à ne pas faire peur au marché.

– On spécule sur l'avenir ?

– On spécule sur l'avenir. Mais peut-on faire autrement ? Je vous pose la question. Nous sommes dans un cas précis, actuellement les risques sur les banques et sur les Etats d'Extrême-Orient. Qu'est-ce qu'il faut provisionner ? Quand je vois ce que disent les banques aujourd'hui sur les pays d'Extrême-Orient, est-ce qu'on n'est pas en train de refaire exactement ce qu'on a fait sur l'immobilier ? Qui peut répondre à cela ? Qui peut dire, aujourd'hui, quel est le quantum [1] qui est à provisionner sur les créances qu'on peut avoir sur l'Extrême-Orient ?

Décembre 1991, l'année se termine en beauté. D'abord la fin positive d'une longue bataille judiciaire avec Parretti donne à la banque tous les droits pour entreprendre le redressement de MGM. Surtout, le résultat annuel du Crédit Lyonnais affiche encore 3,1 milliards de francs de bénéfice. Un résultat exceptionnel qui cache la réalité. En fait, la chute est déjà amorcée. L'année a été mauvaise. Les filiales les plus engagées sur le marché immobilier sont touchées par la chute des prix. Alors, dans l'urgence de pertes imprévues, il faut parfois améliorer les résultats. Exemple, IB.SA. La banque privée dont le Crédit Lyonnais est actionnaire de référence à la demande des autorités monétaires et que préside Jean-Maxime Lévêque, l'ancien président du Crédit Lyonnais. Michel de Brem, directeur général d'IB.SA, a du mal à boucler son bilan.

1. Quantité.

Michel de BREM : On est en décembre 1991. On a déjà pratiquement fait un projet de résultat prévisionnel de l'année et nous sommes un peu au-dessus de l'équilibre, quelques dizaines de millions de francs au-dessus de l'équilibre. Avec une incertitude sur les provisions, puisque, avec ce paquet d'opérations immobilières, nous attendions un peu de voir avec les auditeurs et les commissaires aux comptes comment approvisionner. Est-ce qu'on suivait les instructions de la Commission bancaire de lisser les provisions[1] sur l'immobilier, et dans quelle mesure ? Avant les provisions immobilières, on était en positif. Nous avons eu, en décembre 1991, deux mauvaises surprises, dont une sur un gros dossier de crédit à Luxembourg et une autre[2] sur les provisions à faire à notre filiale de Londres.

– Des mauvaises surprises de quel ordre de grandeur ?

– A chaque fois, 60, 70 millions, quelque chose comme ça... Dans chacun des cas. Cela changeait la donne. Nous nous en sommes, je m'en suis ouvert à notre actionnaire principal, unique d'ailleurs, la compagnie financière IB.SA et à l'actionnaire de référence de la compagnie financière IB.SA qui était le Crédit Lyonnais. Peu de temps après, il m'a été donné comme instructions de rester sur la base d'un bilan légèrement positif en termes de résultats, et de ne pas afficher les pertes.

– Alors que vous auriez dû afficher une perte de ?

– Une petite centaine de millions.

– Pour quelles raisons ?

– Parce que mes actionnaires souhaitaient que le premier exercice d'une banque dans laquelle ils venaient

1. Étaler les pertes.

2. La faillite brutale du groupe Maxwell.

de prendre une participation et un rôle de sponsor évident qui leur avait coûté quelque chose ne soit pas un exercice déficitaire.

– Qui vous a donné ces instructions ?

– J'ai parlé à Jean-Maxime Lévêque, qui est mon... qui était... Lui est beaucoup plus en contact avec le Crédit Lyonnais que moi.

Jean-Maxime LÉVÊQUE : Je ne peux pas du tout vous dire comment ont été établis les comptes de 1991, parce que je n'y ai eu aucune part.

– Vous savez que Michel de Brem dit que le bilan était faux, qu'il a signé un faux bilan ?

– Il le dit maintenant, mais il ne l'a pas dit à l'époque. Il a tout caché.

– Mais il laisse entendre que c'était pratiquement à votre demande que cela a été fait.

– C'est un mensonge, pur et simple.

Michel de BREM : Les deux parties en question, la compagnie financière IB.SA et le Crédit Lyonnais, avaient intérêt à ce qu'un certain *window dressing*, on va dire maquillage, soit fait pour que le bilan, enfin le compte d'exploitation, apparaisse positif. Donc, nous avons pris les dispositions pour cela, en pleine connaissance de nos mandants.

– Vous disiez tout à l'heure qu'il y avait une instruction de la Commission bancaire pour lisser l'immobilier. Qu'est-ce que ça veut dire ?

– Qu'à plusieurs reprises, nous avons reçu, comme toutes les banques, des notes de la Commission bancaire disant : « Il y a une crise immobilière qui va être peut-être plus grave que prévu, nous avons conscience que vous aurez des provisions importantes à faire. Pour ne pas mettre en péril la place financière de Paris, notamment vis-à-vis de l'étranger, nous demandons aux banques de ne provisionner que ce qui peut générer des pertes encaissées réellement au cours de l'année qui vient. Tant que vous gardez, ou que vous portez[1] des immeubles, et que donc vous ne dégagez pas de moins-values, que vous ne risquez pas d'en dégager dans l'exercice en cours, inutile de provisionner. Vous le ferez l'année prochaine, vous le ferez quand vous vendrez. »

Michel de Brem confirme avoir agi sur ordre. Sachant qu'il risque d'être mis en examen pour les faits évoqués.

Michel SAPIN : Si vous faites une provision sciemment minorée, vous touchez à la sincérité des comptes. Si vous faites une provision dans le cadre d'une vision générale sur plusieurs années et qui se fait en accord avec les organismes de contrôle, là vous ne faites pas quelque chose qui atteint la sincérité des comptes. On voit bien que c'est l'équilibre entre les deux...

– C'est très ténu...

– On voit bien que c'est la marge entre les deux qui fait la différence entre sincère et truqué. Si la différence est entre 100 et 110, ce n'est pas trop grave. Si la différence est entre 50 et 500, ce qui est peut-être de l'ordre de ce qui s'est passé, à ce moment-là cela devient grave.

– D'accord. Mais si vous dites : c'est de l'ordre de ce qui s'est passé... les responsabilités ne sont pas seulement

1. Porter : ne pas réaliser les gages.

celles du Crédit Lyonnais, elles engagent aussi la Commission bancaire ou d'autres.

– Sur la stratégie globale d'appréciation des risques, c'est-à-dire sur l'étalement sur plusieurs années, c'est une responsabilité partagée par la place de Paris comme on dit, c'est-à-dire aussi bien les banques qui le souhaitaient que les institutions, Commission bancaire, Banque de France, qui ont avalisé cette stratégie.

Stratégie globale. Etalement des pertes. Minoration des provisions. Sincérité des comptes. Partage des responsabilités. C'est là tout le lot de questions que se pose aujourd'hui la justice.
L'année qui vient (1992) sera cruciale. L'année de tous les dangers. La dernière avant l'entrée en vigueur du ratio Cooke. Pierre Bérégovoy étant devenu Premier ministre, Michel Sapin vient de lui succéder au ministère des Finances. Il cherche à remplacer Jean-Yves Haberer dont le mandat arrive à terme.

Michel SAPIN : A l'époque, je n'avais pas souhaité qu'il soit renouvelé, en me fondant sur ces problèmes ponctuels. Dès lors qu'on me demandait – et c'était naturel – : « Mais pourquoi ne pas renouveler quelqu'un qui vient de faire des bénéfices ? », j'étais un peu à court d'arguments. C'est donc la raison pour laquelle, en juin 1992, Jean-Yves Haberer a été renouvelé. « Nous garderons les meilleurs » avait annoncé Pierre Bérégovoy en évoquant le renouvellement des présidents d'entreprises publiques.

Pendant ce temps, la crise, le chômage... la vie continuent. La Commission bancaire travaille au Crédit Lyonnais depuis plusieurs mois. Et se plaint de l'opacité qu'elle rencontre.

Jean-Louis BUTSCH : Je ne dis pas que nous n'arrivions pas à nous faire une idée précise de ce qui se passait. Nous y sommes arrivés. Je veux dire que nous n'avions pas fini d'arriver. Une entreprise arrête son bilan le 31 décembre. Elle va le publier lorsqu'il aura été arrêté par l'assemblée générale. Mais elle va le publier un certain nombre de semaines après. Pendant les semaines qui ont suivi, elle a continué à vivre, elle a continué à faire des bénéfices, elle a continué à produire, elle a continué à vendre, elle a continué, éventuellement, à faire des pertes. Le bilan vous donne une photographie de la situation d'une entreprise à la date à laquelle il a été arrêté. Mais à la date à laquelle vous le lisez, l'entreprise, elle, a continué à vivre, forcément.

Jean-Yves HABERER : La Commission bancaire, j'observe, jamais ne s'est adressée à moi directement ou, comme elle l'aurait fait peut-être plus probablement, par l'intermédiaire de son président qui est le gouverneur de la Banque de France. Elle a toujours été d'accord. Elle l'était d'autant plus que, pour les derniers arrêtés de comptes, elle était dans nos murs, elle était en train de nous vérifier. Il faut savoir, avant même d'aller au conseil d'administration, si le Trésor sera d'accord pour voter l'approbation des comptes en assemblée générale. Il le sait bien, le Trésor. J'ai été directeur du Trésor, j'ai fait ce métier pendant des années. Donc, les comptes lui arrivent avant et le Trésor peut poser toutes les questions. Il les pose, notamment sur les risques sensibles, sur les provisions qu'on fait. Donc un président, qu'est-ce qu'il fait ? Il vérifie qu'il a l'accord des commissaires aux comptes, de la Commission bancaire et du Trésor. Je l'ai toujours eu.

Au printemps 1992, lorsqu'on arrête les comptes de l'année précédente, les provisions ont encore augmenté de 50 %. En tout 10 milliards de francs dont 3 pour MGM et Sasea. Rien que IB.SA, à son échelle, annonce 200 millions de pertes, soit un tiers de ses fonds propres, alors que ses crédits immobiliers s'emballent. D'autres signes inquiétants apparaissent. En France, la récession se poursuit. Le marché stagne toujours. L'activité de milliers d'entreprises, grandes ou petites, soutenue par la banque est en péril. Les grands groupes, dans lesquels le Crédit Lyonnais a investi, n'échappent pas, bien sûr, au sort commun.

Claude RUBINOWICZ : La banque, par définition encore une fois, est là pour soutenir les entreprises. C'est dans les périodes difficiles que le soutien d'une banque se révèle absolument important et crucial pour la survie d'entreprises. Il est clair que des groupes comme Matra-Hachette, comme Bolloré Technologie, comme Pinault-Printemps-La Redoute, et on pourrait en citer beaucoup d'autres, sont des groupes qui doivent soit leur développement, soit même pour plusieurs de ceux que je viens de citer, leur survie, à l'action du Crédit Lyonnais. Ces groupes ont survécu ou ont continué à se développer parce que le Crédit Lyonnais a accepté de prendre des risques sur eux, parce que le Crédit Lyonnais a perdu aussi de l'argent sur eux.

Il y aura plus tard, dans les pertes du Crédit Lyonnais, plusieurs milliards dus à la survie des grands groupes privés.
L'année 1992 est une année lourde pour l'économie française. La rigueur monétaire est mise en cause, mais Pierre Bérégovoy ne cède pas et choisit la stabilité du franc contre l'économie sociale. Les dépôts de bilan des entreprises en difficulté sont autant de pertes pour la banque.
Arrêtés, suivant les règles publiques tous les six mois, les comptes révèlent cette fois une baisse brutale.

Michel SAPIN : Ces comptes sont à peine équilibrés, c'est-à-dire qu'il y a vraiment une inflexion profonde. Et je me suis dit, si à mi-année on est à peine équilibré, c'est donc qu'à la fin de l'année, si je continue la courbe, on est dans le rouge. Donc, de mon point de vue, j'avais le sentiment non pas de prévenir, mais en tous les cas d'intervenir à un moment où il était peut-être encore temps de faire quelque chose. La réalité, c'est que les comptes précédents pouvaient être soumis à la critique, éventuellement à suspicion. Là où apparaissaient des bénéfices, c'était peut-être un certain nombre de partis pris comptables qui avaient permis que les comptes apparaissent comme bénéficiaires. En fait, le mal était fait beaucoup plus tôt, au cours des années 1990, 1991.

François GILLE : On a un décalage de peut-être un milliard la première année, par décision de la direction générale. On a un décalage que j'estime maintenant à 3 milliards la deuxième année, là encore par l'action de la direction générale. En revanche, en 1992, le décalage, qui continue de gonfler, est cette fois de 5 milliards. Il n'est plus imputable à la direction générale du Crédit Lyonnais, il est imputable, en fait, aux autorités de la place.

En septembre 1992, le ministre des Finances écrit à Jean-Yves Haberer pour lui annoncer, avec l'accord du Premier ministre (une mesure exceptionnelle), sa décision de mettre la banque sous la tutelle directe de la direction du Trésor.

Michel SAPIN : On était en pleine crise du franc à ce moment-là. Pour l'anecdote, la lettre que j'ai signée à Haberer, je l'ai signée depuis Washington où il y avait une réunion de l'ensemble des ministres des Finances au Fonds monétaire international. On était au basculement de la crise financière. On sortait de la crise financière sur la livre et on entrait, mal, sur la crise financière sur le franc et, en fait, sur la monnaie unique. Le changement de stratégie dans le contrôle intervient à ce moment-là. Jusqu'à présent, la Banque de France et la Commission bancaire intervenaient principalement sur les filiales, sur de petites unités. Elles n'intervenaient pas sur le cœur de la banque. J'ai souhaité, et Jacques de Larosière, qui était gouverneur de la Banque de France, a souhaité qu'on intervienne sur le cœur. Ce qui change complètement d'échelle. Quand vous intervenez sur de petites unités périphériques, quelques collaborateurs suffisent. Quand vous entrez dans le cœur d'une banque qui est la première banque européenne, cela demande un travail absolument considérable, des confrontations très fortes, des appréciations qui sont très difficiles à faire et donc un travail énorme. En fait, la Banque de France n'a travaillé quasiment que sur le Crédit Lyonnais pendant plusieurs mois.

Jean-Yves HABERER : A partir de l'automne 1992, à la suite d'une lettre de Michel Sapin, le Trésor est pratiquement en situation de cogestion sur nos 200 plus grands risques. Donc, il a tout ce qu'il faut pour se faire une opinion qui, finalement, est la même que la nôtre.

Pendant que la Commission bancaire commence à scruter le cœur du Crédit Lyonnais, l'ingénierie financière fait des miracles. Les titres apportés par l'Etat au Lyonnais représentent cette année-là une augmentation des fonds propres de 18 milliards de francs. Record absolu et douce euphorie qui masquent de mauvais résultats. En préparant l'arrêté des comptes, François Gille est, en outre, confronté à un nouveau type de pertes imprévues.

François GILLE : Le Crédit Lyonnais a été pris de court par la montée d'un phénomène extrêmement important : l'accumulation des intérêts impayés. Les usages étaient de continuer de comptabiliser les intérêts, même s'ils étaient impayés. C'était un usage qui provenait d'une règle fiscale un peu absurde mais qui était respectée scrupuleusement et qui fait que, quand les intérêts étaient impayés, ils étaient comptabilisés, mais on ne tenait compte de l'impayé éventuel que sous forme de provision, avec un décalage dans le temps. La provision intervenait avec un décalage, par exemple, d'un an. J'ai dû calculer qu'à l'époque, dans les 13 milliards de résultats bruts de l'année 1992, il devait y avoir 3 ou 4 milliards d'intérêts à payer qui constituaient des créances de la banque, mais qu'il n'était peut-être pas prudent de comptabiliser comme intérêts aussi longtemps qu'ils n'étaient pas réellement payés.

Mars 1993, c'est l'heure des comptes, des comptes 1992. Malgré 6 milliards de francs de plus-values exceptionnelles, les comptes sont en déficit. Il a fallu provisionner Sasea à 100 % (7 milliards de francs). Les autorités bancaires ne connaissent pas tous les chiffres mais savent que, sans report ou reprise de provisions, ils ne permettent pas au Crédit Lyonnais d'arriver au ratio Cooke, entré en vigueur depuis le 1er janvier 1993. Le gouverneur de la Banque de France, Jacques de Larosière, annonce à Jean-Yves Haberer qu'il a pris avec Jean-Claude Trichet, le directeur du Trésor, des dispositions que Jean-Louis Butsch est chargé de transmettre à François Gille.

François GILLE : Nous avions une estimation de résultats qui se situait dans la fourchette suivante : entre 2 et 6 milliards de pertes, suivant qu'on faisait ou on ne faisait pas des reprises sur les provisions pour les risques pays. Et c'est ce que je m'apprêtais à aller dire à la Commission bancaire quand, en la personne de son secrétaire général, Jean-Louis Butsch, elle m'a opposé un autre type de raisonnement, en me disant à peu près la chose suivante : « Nous sommes en 1993, nous arrêtons un bilan au 31 décembre 1992. C'est le premier bilan dans lequel les banques internationales, et le Crédit Lyonnais en est une et une grande, doivent satisfaire au ratio Cooke. Donc, il faut que les banques françaises, et le Crédit Lyonnais en particulier, affichent au moins un ratio de 8,20 %. Donc, vous allez me calculer le niveau de résultats qui est compatible avec un ratio de 8,20 %. » J'ai fait ce calcul.

– En quelque sorte, c'est coller à la règle et pas à la réalité.

– Très exactement. Donc, j'ai calculé devant lui, avec mes collaborateurs, le niveau de fonds propres qui correspondaient à un ratio de 8,20. J'ai demandé à mes collaborateurs de me rappeler le montant des crédits, j'ai appliqué 8,20 % et ça m'a donné le montant des fonds propres. Je l'ai comparé au montant des fonds propres au début de l'exercice et je me suis aperçu, en faisant ce calcul, que cela autorisait une perte limitée à 1,8 ou 1,9 milliard de francs. J'ai donné ce calcul à Jean-Louis Butsch, et il m'a dit : « Eh bien, ce sera votre résultat pour cette année. »

Jacques BONNET : Qu'il y ait eu des concertations entre la Banque de France, la Commission bancaire, la direction du Trésor et le Crédit Lyonnais sur l'arrêté des comptes pendant les années difficiles, c'est-à-dire 1991, 1992, 1993, c'est certain. Qu'ensuite, la responsabilité juridique de l'arrêté des comptes ressortisse aux seuls dirigeants du Crédit Lyonnais, c'est non moins certain. Même si... les conseils qui leur ont été donnés ont été plus ou moins directifs, ce que soutient la direction du Crédit Lyonnais, ce que nient les autorités de tutelle et la Commission bancaire. Il est de fait que ces comptes ont été arrêtés... je dirais, sous influence.

Jean-Louis BUTSCH : Nous avons sûrement évoqué le problème des ratios Cooke et, dans mon souvenir, nous avons dit aux dirigeants du Crédit Lyonnais... nous avons appelé leur attention sur le fait qu'il y avait désormais, à partir de 1993, un ratio de 8 % à respecter et qu'il était impératif qu'une grande banque française respecte ce ratio.

– Donc le bilan, à l'époque, ne pouvait pas être...

– Négatif.

– Négatif.

– Non.

– Quelles étaient les conséquences si le Crédit Lyonnais, par exemple, était en dessous de 8 ?

– La Commission bancaire est en droit d'ouvrir une procédure dite disciplinaire contre l'établissement qui n'est pas en règle. Et d'infliger l'une des sanctions prévues par la loi.

– C'est-à-dire ?

– Les sanctions sont diverses. Ça va jusqu'au retrait d'agrément, c'est-à-dire la fermeture de l'établissement. Les banques sont les seules personnes en France pour lesquelles existe encore la peine de mort. Ça arrive malheureusement très rarement, mais ça arrive.

– Vous pouvez tuer une banque ?

– Ah ben oui... Vous n'allez pas aller chercher le garde champêtre, lui demander de prendre le tambour de ville et, sur la place publique, aller annoncer que le Crédit Lyonnais a perdu tant. Et puis, voir les clients se précipiter aux guichets, alors qu'on savait très bien que l'Etat ferait son devoir.

François GILLE : Une faillite d'une grande banque en France, c'est une faillite de l'économie française. Donc, vous ne pouvez pas faire ça. Vous ne pouvez pas vous comporter de manière irresponsable. Vous êtes obligé de... faire coïncider l'affichage et la solution.

La solution c'est donc, sur les indications de la Banque de France, et en attendant mieux, un report et une reprise des provisions et un écart de plusieurs milliards de francs pour coller au ratio Cooke. Trois ans plus tard, Jean Arthuis, ministre des Finances, déposera une plainte pour faux bilan. Ce qui a conduit récemment la justice à mettre en examen Jean-Yves Haberer en tant que mandataire social, et François Gille en tant que directeur général, à sa demande, pour présentation de comptes inexacts, diffusion de fausses informations et abus de biens sociaux. Mais la justice cherche aussi à remonter la chaîne des responsabilités à la Banque de France, à la direction du Trésor, au ministère des Finances où elle a perquisitionné en 1998.
Deux questions : l'Etat peut-il, au nom d'un intérêt général, échapper à la loi commune ? Peut-il être simplement coupable puisque responsable ? Une tache difficile, car si la loi fait du faux bilan un délit, la Banque de France a aussi tous pouvoirs pour réguler l'activité bancaire de la place.
Fin 1992, il est établi 7 milliards de provisions supplémentaires, pour le Crédit Lyonnais. Moins de six mois plus tard, ce sera 7 de plus.

Jean-Louis BUTSCH : Sur cette période de deux ans et demi, nous avons renvoyé trois fois nos inspecteurs chez Altus et trois fois à la SDBO. Chaque fois, les inspecteurs sont revenus avec des demandes de provisions supplémentaires. Cela ne veut pas dire qu'ils n'avaient pas vu la première fois, cela veut dire que les clients de ces banques avaient continué à vivre et à mal vivre. On entrait dans la crise économique.

– Pendant les contrôles, la crise continue...

– Voilà. Quand un inspecteur vient contrôler une banque, tout ne s'arrête pas. La banque continue à vivre et ses clients aussi. Et quand ils vivent mal, eh bien ça coûte plus cher à la fin.

Jean-Yves HABERER : On ne savait pas où allait la crise. On pouvait imaginer qu'elle n'irait pas plus loin, tant c'était de l'intérêt général qu'elle n'aille pas plus loin.

Les chiffres connus au moment de l'arrêté des comptes 1992 révèlent une baisse visiblement brutale des résultats : 5 milliards de francs en un an. Pourtant, les autorités ne font rien. Le conseil d'administration du Crédit Lyonnais de mars 1993 se déroule dans un climat « optimiste ». On prévoit la fin des pertes pour les mois suivants. Les prévisions du plan d'entreprise élaboré en 1992 pour les trois années à venir restent très bonnes : 2,3 milliards de bénéfice pour 1993, 3,6 milliards en 1994, 5,3 milliards pour 1995. Et ce n'est que six mois plus tard que la Banque de France alertera le ministre.

Eric BLOT-LEFÈVRE : Ce qui m'a frappé au Crédit Lyonnais, c'est qu'effectivement la crise existait déjà mi-1992 quand je suis entré. Il y avait tous les mois une analyse de conjoncture et on prévoyait toujours la sortie de la crise dans les trois mois. Si vous reprenez les analyses de conjoncture du Crédit Lyonnais, vous vous apercevez qu'il y avait toujours un vent d'optimisme. C'est vrai que quand on est dans une difficulté importante, on espère toujours que demain va être meilleur.

Jean-Yves HABERER : La crise économique, je l'ai vue un peu venir, mais ni plus, ni moins que tout le monde. Rappelons pour une fois des chiffres. Octobre-novembre 1991, c'est le moment de la loi de Finances, c'est le moment où le gouvernement fait ses prévisions sur la croissance de l'année suivante, des prévisions officielles longuement étudiées par la direction de la prévision, l'Institut national de la statistique et le dialogue avec les instituts de conjoncture privés. Il y a une convergence complète d'avis, auxquels se joint d'ailleurs à l'intérieur du Crédit Lyonnais notre direction des études économiques et financières qui est notre instrument de lecture de la conjoncture. Tout le monde prévoit pour 1992 un taux de croissance de 2,5 %. Qu'est-ce qui se passe ? Eh bien, le taux de croissance a été négatif pour la seule fois du demi-siècle, négatif à moins 1,5 %. Donc, l'erreur a été de 4 %. Une erreur de 4 % du produit national, c'est un séisme, c'est dévastateur. Ça a tué, je l'ai dit, 200 ou 300 000 entreprises en France. Ça a mis mal à l'aise toutes les grandes. Ça a tué beaucoup de petites et de moyennes entreprises, ça a éprouvé toutes les banques. Et ça a ajouté à une crise cyclique, régulatrice de l'immobilier, comme il y en avait tous les 5-6 ans, une crise structurelle, sans précédent. Cette erreur de prévision, je l'ai faite, je ne vais pas faire le malin. Je n'ai pas été plus malin que les autres. Je n'ai pas prévu qu'en 1992, il y aurait un produit national négatif. Malgré tout ce que je pensais du franc fort, je n'ai pas cru qu'il irait jusque-là, ou plus exactement, j'ai cru – en ceci j'ai été naïf – que le gouvernement, voyant à quel point la politique du franc fort était contraire aux intérêts du pays, allait l'abandonner. Il était possible d'agir autrement. J'ai eu l'occasion de le dire à Pierre Bérégovoy, puisque je passais pour avoir son oreille. Je ne l'ai jamais eu sur ce point, car il avait autour de lui une garde rapprochée d'ayatollahs qui s'efforçait de m'empêcher de lui parler et surtout qui, après que je lui avais parlé, faisait toute la cicatrisation pour annuler ce que j'avais dit. Je n'ai pas cru qu'il s'enfermerait jusqu'au bout, quitte à en être cruellement sanctionné par les élections du printemps 1993.

Printemps 1993, sur fond de trois millions de chômeurs, les élections législatives tournent à la débâcle pour les socialistes et ramènent la droite au gouvernement. Edouard Balladur remplace Pierre Bérégovoy qui se suicide peu après.
Edmond Alphandéry, spécialiste des grandes crises économiques, a remplacé Michel Sapin au ministère des Finances.

Edmond ALPHANDÉRY : En mars 1993, je vous rappelle le décor. J'arrive à Bercy, Edouard Balladur est Premier ministre. Nous traversons la crise économique la plus grave que l'économie française ait connue depuis la Libération. L'activité économique est, depuis la fin 1992, en chute libre, comme cela ne s'est jamais produit en France depuis 1945. Avec des comptes publics totalement dégradés. Mon prédécesseur avait présenté un budget en déficit de 160 milliards. Nous avons été obligés de le rectifier du simple à plus du double. Nous avons rectifié ce déficit à 340 milliards. Et naturellement, avec un secteur public – et notamment le Lyonnais, mais il n'était pas le seul – qui subissait les contrecoups de cette fragilité de l'économie. Donc, l'important lorsque nous avons eu à traiter cette affaire du Lyonnais, c'était d'agir avec beaucoup de prudence. Il fallait éviter, par une fausse manœuvre, dans cette situation de grande fragilité, de dégrader encore les choses.

Chaque mois la Commission bancaire découvre de nouvelles pertes et de nouvelles sources de provisions. De son côté, la Cour des comptes, sous la responsabilité de Jacques Bonnet, a commencé à se plonger dans les comptes du Crédit Lyonnais.

Jacques BONNET : Nous avons considéré qu'étant donné l'incertitude dans laquelle nous nous trouvions et l'impossibilité dans laquelle nous étions de chiffrer de façon correcte ce qui nous serait apparu comme étant le bon chiffre, le plus sage était d'avouer notre impuissance au fond et de dire au public : « Les comptes du Crédit Lyonnais sont dans un tel état que nous sommes absolument incapables de dire quel est le montant du résultat de l'entreprise. »

Edmond ALPHANDÉRY : J'ai été scandalisé de voir qu'il était aussi difficile d'évaluer la dégradation des comptes du Lyonnais. Je ne vous cache pas que j'ai souffert de voir combien l'Etat actionnaire avait eu du mal à surveiller son entreprise. En 1993, l'Etat possédait 57 % du capital du Crédit Lyonnais.

– L'Etat est à la fois au conseil d'administration, exerce

la tutelle et exerce le contrôle à travers la Banque de France. Il y a trois étages de contrôle.

– Quand vous comparez l'empire que représente le Crédit Lyonnais et les effectifs qui sont disponibles à la Commission bancaire et à la direction du Trésor, vous comprenez que les hommes ne sont pas en cause, mais que, malheureusement, on n'a pas un personnel suffisant pour un contrôle efficace.

Eté 1993, une seule issue : la recapitalisation. Le 5 juillet, Jean-Yves Haberer alerte par écrit le ministre des Finances sur les pertes en fonds propres dues aux valeurs Usinor-Sacilor et Aérospatiale. Le 4 août, c'est le gouverneur de la Banque de France, cette fois, qui alerte le ministre et lui propose une progressivité des provisions et un renforcement des fonds propres du Crédit Lyonnais.

Edmond ALPHANDÉRY : J'ai compris qu'il fallait changer le président du Crédit Lyonnais. Il fallait, en effet, commencer par le commencement. Il était impossible de voir clair et donc de prendre des mesures de redressement du Crédit Lyonnais, sans changer le président. Donc, en août 1993, j'en ai parlé au Premier ministre, Edouard Balladur. Mais c'était très difficile de changer Jean-Yves Haberer, de le révoquer purement et simplement. Pour plusieurs raisons. Jean-Yves Haberer était une personnalité éminente. Il était ancien directeur du Trésor. Il avait des relations politiques, tant à gauche qu'à droite d'ailleurs. Chacun connaissait ses liens avec le président de la République, François Mitterrand. Et puis il faut savoir qu'il y avait beaucoup de grands patrons, et non des moindres, qui défilaient dans mon bureau, à Bercy, pour me dire : « Monsieur le Ministre, le Lyonnais, heureusement qu'il est là. Il m'a rendu d'immenses services. Il a rendu aussi d'énormes services à l'économie française. »

Jean-Yves HABERER : Le 26 août, date que je n'ai pas oubliée parce que c'était mon retour de vacances, Edmond Alphandéry me cueille à froid en me convoquant et en me disant : « Monsieur le président, le Crédit Lyonnais a des difficultés, sa situation est un peu inquiétante, j'ai une lettre du gouverneur de la Banque de France », soit dit en passant, lettre que j'avais moi-même inspirée en disant à de Larosière : « Aide-moi, mon ministre n'a pas encore compris qu'il faut une dotation en capital. Je te demande de m'aider par une lettre qui en réclame. » Alphandéry poursuit : « Voyez, j'ai reçu une lettre de la Banque de France qui me demande qu'on vous fasse une augmentation de capital de 7 milliards. De deux choses l'une. Ou bien vous continuez votre mandat, ce que je suis absolument prêt à accepter, jusqu'en juin prochain, jusqu'à son terme, mais je vous le dis, vous ne serez pas renouvelé. On confiera, à ce moment-là, le Crédit Lyonnais à un autre président. Ou bien vous démissionnez maintenant et comme nous n'avons rien à vous reprocher de particulier et que nous sommes conscients de vos états de services, de vos longs états de services pour l'Etat, il y a une présidence disponible, le Crédit national. Elle serait pour vous. Vous avez un choix, réfléchissez et faites-moi connaître votre solution. »

Jean-Yves Haberer est donc nommé à la présidence du Crédit national et c'est Jean Peyrelevade, alors président de l'UAP, qui, au jeu politique des chaises musicales, le remplace.

Jean Peyrelevade, *président du Crédit Lyonnais depuis 1993* : Je pense que le premier objectif était, en fait, que je libère ma place de président de l'UAP. Le nouveau gouvernement, Edouard Balladur, Premier ministre, voulait nommer Jacques Friedmann [1] à la présidence de l'UAP. Donc, on voulait que je sorte de l'UAP. Je ne m'intéressais pas particulièrement au Crédit Lyonnais. La proposition m'est venue très exactement – j'étais en vacances d'ailleurs – dans la première semaine de septembre 1993. A ce moment-là, j'ai beaucoup hésité.

Jean-Yves Haberer : Le conseil d'administration de septembre 1993 a arrêté les pertes du premier semestre. Je n'en sais pas plus. Je n'ai pas le don de longue vue, je ne sais pas que la crise immobilière va s'accélérer, que pendant l'hiver qui va suivre les actifs immobiliers vont plonger encore plus. Tout cela je ne le sais pas.

La provision comptable affichée au premier semestre 1993 est de un milliard de francs. On peut évaluer, a posteriori d'après nos informations, qu'elle aurait dû monter à 15 milliards de francs dont les deux tiers dans l'immobilier. Cas exceptionnel, afin de ne pas gêner le conseil d'administration du Crédit Lyonnais, la Commission bancaire ne lui adresse pas son rapport officiel.

---

1. Naguère conseiller d'Edouard Balladur aux Finances.

Jean PEYRELEVADE : Avant de mettre le pied au Crédit Lyonnais, mon estimation, à ce moment-là, c'est une perte potentielle de l'ordre de 25 milliards de francs. A l'époque, les autorités publiques, le Trésor, la Commission bancaire, considéraient que l'insuffisance de provisionnement, si je ne me trompe pas, était de 7 milliards. Nous avions déjà un écart qui n'était pas absolument négligeable. C'est une donnée fondamentale pour comprendre pourquoi il a fallu tellement de temps pour arriver à la vérité. Pratiquement jusqu'à la fin de l'année 1995, je dirais même milieu 1996, c'est-à-dire pendant plus de deux ans, j'ai eu en permanence une divergence d'appréciation par rapport aux autorités publiques qui suivaient le dossier. J'étais manifestement soupçonné de manipulation, de m'amuser à afficher des chiffres gigantesques pour tirer énormément d'argent des caisses de l'Etat. D'ailleurs, c'est à peu près à cette époque qu'a commencé à circuler dans les couloirs du Trésor l'appréciation très intelligente, qui consistait à me considérer comme, je cite entre guillemets, « l'auteur du casse du siècle ». C'était moi « l'auteur du casse ».

– D'où vient cette divergence sur les chiffres, précisément ?

– C'est très difficile à expliquer parce que la Commission bancaire sortait quand même de plusieurs inspections du Crédit Lyonnais. Il y a sûrement plusieurs raisons. Premièrement, une espèce de résistance, plus ou moins inconsciente, de l'ensemble de la technostructure à admettre l'idée qu'on pouvait avoir un drame de cette ampleur. Que les conseils d'administration, les tuteurs, les commissaires aux comptes, les gens responsables, le précédent président du Crédit Lyonnais avaient pu, d'une certaine manière collectivement, fabriquer un désastre aussi gigantesque, sans que personne s'en soit aperçu. Donc, vraiment une résistance : ce n'est pas possible, ce n'est pas possible qu'une chose aussi grave, de cette dimension-là, se soit produite à Paris, place par ailleurs civilisée, moderne, etc.

On a remplacé les commissaires aux comptes. Avec les nouveaux, entourés aussi de nouveaux experts, Dominique Bazy, bras droit du nouveau président du Crédit Lyonnais, revient par le détail sur tous les comptes.

Dominique BAZY : Il apparaît dès le mois de mai de cette année 1994 que les commissaires aux comptes entrants contestent les comptes 1993 et contestent la viabilité de la banque dans son revenu courant. Ils ne le disent pas aussi clairement, mais ils nous disent qu'ils ont une très grande difficulté à certifier ce qu'on appelle le bilan d'ouverture, c'est-à-dire le bilan au 1er janvier 1994. Ce qui est une façon élégante de dire qu'ils n'acceptent pas les comptes au 31 décembre 1993.

– Au passage, le fait que des commissaires aux comptes nouvellement nommés récusent en quelque sorte les prédécesseurs est une situation assez exceptionnelle.

– Vous avez raison de le dire. C'est pour le moins pas banal.

Jean PEYRELEVADE : Il faut bien voir que cet arrêté du début de 1994 est fait avec un conseil d'administration qui n'a pas changé, c'est-à-dire les mêmes administrateurs qui ont vécu les trois ou quatre années antérieures, les mêmes commissaires aux comptes qui ont certifié tous les comptes antérieurs. Donc, il faut voir l'atmosphère de l'époque. J'arrive de l'extérieur et je dis à des gens qui, jusqu'à présent, avaient passé au total pour 1,2 milliard de résultat négatif dans l'année 1992, qu'ils se sont probablement assez largement trompés parce que ce n'est pas 1,2, ce n'est pas moins 7, c'est moins 25 milliards. Pas très facile.

Dominique BAZY : La réunion d'administrateurs se passe dans un climat tendu, dans lequel le président du Crédit Lyonnais et les commissaires aux comptes, qui ont pris leurs responsabilités, disent : « Nous ne sommes pas capables, en l'état, d'arrêter les comptes. Et, en l'état, nous ne pouvons pas arrêter les comptes sauf à faire apparaître des pertes abyssales. » Le représentant de l'Etat était pour le moins... mal à l'aise. Il a néanmoins compris la position prise par le président du Crédit Lyonnais. Il en a référé à son ministre, qui en a lui-même référé au Premier ministre, qui était sans doute, en tout cas dont le cabinet était sans doute plus conscient de la gravité de l'état de la banque. Le cabinet du Premier ministre a décidé, avec le ministre, une semaine plus tard, d'adresser au Crédit Lyonnais, non pas à son président, au Crédit Lyonnais et à son conseil d'administration une lettre lui permettant d'arrêter les comptes dans des conditions acceptables.

C'est-à-dire, puisque l'Etat actionnaire ne peut recapitaliser, l'autorisation du Premier ministre de mettre une partie des dettes du Crédit Lyonnais à la charge de l'Etat en créant une structure de *defeasance.* Un tour de passe-passe dans l'urgence et dans la crainte du pire.

Edmond ALPHANDÉRY : Ce qui aurait pu se passer, c'est une crise systémique, c'est-à-dire une véritable panique. Je ne sais pas ce qui en aurait résulté. Il aurait fallu, probablement, faire appel à l'article 52 de la loi bancaire, c'est-à-dire une solidarité de place, mais les montants en cause auraient été tellement considérables que personne n'en aurait mesuré les effets. Cela aurait été une aventure aux conséquences incalculables. Une crise systémique, c'est ce qui se passe au Japon où les banques, les unes après les autres, sont sur le point de faire faillite. On est même obligé de les nationaliser. Le gouvernement japonais a annoncé un plan de redressement, tenez-vous bien, de 3 500 milliards de francs, c'est-à-dire que même si le trou du Crédit Lyonnais était de 100 milliards, cela représente 35 fois le Crédit Lyonnais ! En 1992, 1993 et 1994, nous avons eu à peu près le même enchaînement mais à une échelle beaucoup plus faible. La récession de l'économie française a été extrêmement grave, s'est répercutée sur le système bancaire, a touché évidemment le Crédit Lyonnais qui était le plus vulnérable, mais elle a touché d'autres banques. Elle a touché la Société marseillaise de crédit, la banque Hervet, l'UIC, la banque Worms et bien d'autres.

– C'était votre crainte, la crise systémique ?

– J'ai vécu, pendant deux ans, à Bercy en ayant le sentiment que j'avais entre les mains un tube de nitroglycérine.

Il faut à tout prix éviter l'explosion, il faut sauver le Crédit Lyonnais. Cela va durer cinq ans.

Chapitre 6

Sauve qui peut

Michel ROUGER : C'est une gigantesque faillite née d'un engrenage, puisqu'il y a un des éminents dirigeants du Crédit Lyonnais qui a expliqué l'engrenage. C'est un engrenage de faillite. C'était condamné à faire faillite, sauf à admettre qu'on puisait dans un puits sans fond où, pendant 10, 15, 20, 30 ans on aurait continué à nourrir des affaires en faillite, comme on l'a fait dans les pays de l'Est.

Au début de l'année 1994, en France, la crise n'en finit pas de toucher les entreprises par milliers et provoque autant de faillites. Les prix du marché immobilier continuent à s'effondrer, deux ou trois fois plus bas que toutes les prévisions. Le Crédit Lyonnais, beaucoup plus engagé que les autres banques, est aussi le plus touché. Personne n'arrive plus à chiffrer exactement ses pertes. La Cour des comptes elle-même, qui contrôle toutes les entreprises publiques, avoue son impuissance.

Jacques BONNET : Nous avons considéré qu'étant donné l'incertitude dans laquelle nous nous trouvions et l'impossibilité dans laquelle nous étions de chiffrer de façon correcte ce qui nous serait apparu comme étant le bon chiffre, le plus sage était d'avouer notre impuissance et de dire au public : « Eh bien, les comptes du Crédit Lyonnais sont dans un état tel que nous sommes absolument incapables de dire quel est le résultat de l'entreprise. »

Ils dépassent les calculs les plus pessimistes. En un an, les évaluations faites par Jean-Louis Butsch pour la Commission bancaire sont passées de 7 à 14, puis à 20 milliards de francs de provisions à effectuer. En février 1994, à la veille de la publication des comptes de l'année précédente, Jean Peyrelevade, président du Crédit Lyonnais depuis trois mois, estime que les pertes immobilières atteignent, à elles seules, 14 milliards de francs. Il donne au total des pertes le chiffre encore inimaginable de 25 milliards de francs.

Jean PEYRELEVADE : Il faut bien voir que nous arrêtons les comptes 1993, en février ou mars 1994, sur cette base de 25 milliards. Sur les 25 milliards, j'explique que le Crédit Lyonnais ne peut pas faire apparaître dans ses propres comptes plus de 6 milliards de francs de pertes, parce que nous avons des problèmes de fonds propres. Il ne faut pas trop détruire nos fonds propres, sinon nous aurons des problèmes sur les marchés internationaux et avec nos clients français ou étrangers. On ne peut pas faire non plus apparaître une perte trop élevée pour les mêmes raisons. Donc, comme le gros du risque chiffré à l'époque, une fois de plus sans aucun audit, sans expertise, de manière, de ma part, complètement évaluative, à partir d'un certain nombre de conversations, nous décidons de sortir les 14 milliards d'insuffisance de provisions immobilières, qui me paraissent être à ce moment la partie la plus importante du risque.

Il s'agit tout simplement d'éviter la faillite. L'idée de Jean Peyrelevade suit la méthode récemment exploitée dans les pays scandinaves. Elle consiste à créer une structure dite de *defeasance* qu'on appelle Omnium immobilier de gestion, OIG, pour y mettre les actifs immobiliers les plus compromis, soit environ 14 milliards de francs de pertes. Sorties des comptes du Crédit Lyonnais, ces pertes seront garanties par l'Etat, mais n'apparaîtront en fait sur aucun bilan.
Edmond Alphandéry est alors ministre des Finances depuis un an. Il sait la situation explosive et veut à tout prix éviter que le sinistre du Crédit Lyonnais ne gagne d'autres organes vitaux de l'activité économique.

Edmond ALPHANDÉRY : Sur le principe de la *defeasance*, nous étions d'accord. Nous avons été d'accord dès le début. Il était évident qu'il fallait passer par une *defeasance* de façon à décharger le Lyonnais d'un certain nombre de ses actifs compromis, et notamment dans l'immobilier. Ce principe était acquis au moment de la nomination de Jean Peyrelevade. Sur le périmètre de la *defeasance*, sur le volume de l'aide de l'Etat, chacun a fait son travail. Jean Peyrelevade, en tant que président de la banque, disait à l'Etat : « Ecoutez, il faut m'en prendre le plus possible. » Moi-même, défenseur des intérêts du contribuable, je disais : « Essayons d'en faire un peu moins. » Le Premier ministre a tranché, comme c'était son devoir, pour aboutir à une aide d'Etat de 20 milliards. Donc, il n'y a pas eu de désaccord sur le principe. Il y a eu une discussion qui a fini par aboutir à une aide de l'Etat de l'ordre de 20 milliards, dans ce premier plan.

Le Premier ministre, Edouard Balladur, a tranché : 20 milliards de francs de dettes sont ainsi sortis des comptes du Crédit Lyonnais. Jean Arthuis est alors, en 1994, président de la commission des Finances du Sénat.

Jean ARTHUIS : L'Etat n'a pas de bilan. L'Etat tient une comptabilité de ménagère – que les ménagères ne le prennent pas en mauvaise part –, recettes-dépenses. Qu'il s'agisse d'investissements ou de dépenses de fonctionnement, aucune distinction. Ce qui rend d'ailleurs extrêmement illisible le budget de l'Etat. Exigence, sans doute, d'opacité, au nom de l'intérêt supérieur. Alors, les pertes qui sont dans l'OIG n'apparaissent pas. Elles n'apparaissent pas dans les comptes du Lyonnais et elles n'apparaissent pas non plus dans les comptes de l'Etat. Opération de passe-passe, si j'ose dire, parce que, d'une part, le Lyonnais ne prend pas ses pertes et l'Etat actionnaire ne prend pas non plus ses pertes. Voilà un procédé qui pourrait s'apparenter à de la cosmétique.

« Cosmétique », autant dire « maquillage » des comptes, voire « faux bilan ». Au printemps 1994, le Crédit Lyonnais est divisé entre une *bad bank* (une mauvaise banque : l'OIG) et une bonne banque. Ses comptes sont sauvés. Entre-temps, les commissaires aux comptes ont été changés. Les nouveaux commissaires reprennent tous les comptes.

Pendant ce temps aussi la crise a continué ses ravages. Et, à la fin de l'été, Dominique Bazy, bras droit du nouveau président, découvre une réalité qui remet tout en question. Ce n'est plus 25 milliards de pertes, c'est 50 : le double.

Dominique BAZY : Une grande partie des actifs qui restaient dans le Crédit Lyonnais, donc en dehors de la partie immobilière qui a été cantonnée, n'étaient pas à bonne valeur dans les comptes. En d'autres termes, ils étaient à une valeur de 100 et ils valaient sensiblement moins. Deuxième élément, ces actifs, qui représentaient en masse un peu plus de 100 milliards de francs, ne donnaient aucun revenu, et par conséquent, comme la banque les finançait par emprunt, conduisaient à une perte récurrente de la banque. Donc, dès les premiers jours du mois de septembre 1994, je suis allé trouver Jean Peyrelevade pour lui dire : « Je crois que le désastre est encore pire que ce que nous pouvions imaginer. La banque est en état technique de faillite. »

– Pour vous, la banque était morte ?

– La banque était en état technique de faillite.

Jean PEYRELEVADE : C'est quelque chose dont je me souviendrai toute ma vie. 50 milliards, ça commençait à me paraître beaucoup. Je commençais à me dire : « Décidément, je me suis mis dans une galère bien pire que celle que j'imaginais. » De mon lieu de vacances, j'ai demandé un rendez-vous personnel, en tête à tête – c'est la seule fois où j'ai demandé un rendez-vous en tête à tête à Edmond Alphandéry –, en lui disant : « J'ai des choses graves à vous dire, j'ai besoin de vous voir et j'ai besoin de vous voir en tête à tête. »

Edmond ALPHANDÉRY : Manifestement, Jean Peyrelevade était très nerveux devant cette augmentation que lui-même, je suppose, n'avait pas prévue quelques mois auparavant, et devant l'obligation qu'il avait de venir me voir pour m'annoncer cette dérive brutale que personne n'avait prévue. J'ai bien compris que Jean Peyrelevade avait une philosophie et que j'en avais une autre. La philosophie de Jean Peyrelevade était au fond : « Il y a 28 milliards d'insuffisance de provisions, c'est à l'Etat de prendre les actifs compromis. » Donc, faisons ce qu'on appelle dans le langage anglo-saxon une *bad bank*, une mauvaise banque. L'Etat reprend la mauvaise banque et le Crédit Lyonnais continue avec les autres actifs qui ne sont pas compromis. Ce n'était pas ma philosophie et j'ai fait comprendre à Jean Peyrelevade que cela ne pouvait pas marcher ainsi.

Jean PEYRELEVADE : Nous sommes entrés dans ce que j'appellerai une espèce de combat de tranchées, avec notre actionnaire. On nous a imposé, c'est drôle, enfin c'est risible et c'est triste en même temps quand on reconstitue ça après coup, on nous a imposé un parcours contradictoire entre nos commissaires aux comptes et la Commission bancaire. Interrogez nos commissaires aux comptes, vous verrez qu'on nous a imposé une espèce d'audit contradictoire dans lequel on était à nouveau à l'envers par rapport à toutes les situations normales. C'est-à-dire que nos commissaires aux comptes sont allés voir la Commission bancaire en lui disant : « C'est 50 milliards au moins. » Et la Commission bancaire disait : « Ce n'est pas possible, ce n'est pas possible. » La Commission bancaire, le Trésor, l'administration des Finances, pendant toute cette période de descente aux enfers, étaient comme les trains : ils arrivaient sur une gare quand moi j'étais déjà à la suivante. C'est-à-dire qu'ils étaient à peu près convaincus qu'il y avait effectivement 25 milliards, au moment où moi j'en étais à 50 ; six mois de retard, à chaque fois. Donc, à chaque fois, j'étais obligé de me battre pour les amener à la gare suivante. Quand ils arrivaient à la gare suivante, j'étais déjà à celle d'après. Au fur et à mesure que la Commission bancaire se rapprochait de notre évaluation, le Trésor, le ministre, le cabinet, dans un climat très très pénible, sont rentrés peu à peu, mais à moitié seulement, dans le schéma de séparation.

L'hiver 1994-1995 se passe à trouver les moyens de sortir des comptes de la banque, non plus 20 mais 50 milliards de francs de pertes. Le projet consiste à élargir l'OIG, devenu Consortium de réalisation (CDR) et à ajouter aux actifs immobiliers l'ensemble des participations industrielles des deux filiales, Clinvest et Altus. Artémis fait donc partie du lot. Le tout représente une valeur de 200 milliards de francs, sur lesquels on en prévoit 50 de pertes.

Jean Peyrelevade : Nous avons essayé de mettre dans le CDR tous nos actifs sur lesquels nous savions que nous avions des problèmes et le Trésor, toujours dans l'optique de diminuer l'addition pour le contribuable, nous a imposé d'y ajouter un certain nombre d'actifs de bonne qualité.

– Donc les actifs Arnault, Pinault.

– Arnault, Pinault, Rhône-Poulenc...

– L'ensemble Clinvest[1].
– L'ensemble des bonnes participations de Clinvest.

Edmond ALPHANDÉRY : J'estimais qu'il ne fallait pas que le Lyonnais se débarrasse des actifs compromis, mais aussi qu'il vende un certain nombre d'actifs valorisables. Il y a actuellement dans le CDR des actifs qui ont beaucoup de valeur. Les participations dans Bouygues, dans Pinault, etc., ont pris beaucoup de valeur et leur vente va donc permettre de contribuer à résorber le trou du CDR. Donc, il était normal que nous ne mettions pas uniquement les actifs compromis, mais aussi des participations industrielles qui avaient de la valeur. Jean Peyrelevade l'a accepté d'ailleurs à l'époque, tout le monde l'a bien compris.

Le plan prévoit donc la prise en charge par l'Etat des pertes prévues (environ 50 milliards de francs) sur les 200 milliards d'actifs transférés au CDR. Reste un gros point de désaccord entre le ministre et Jean Peyrelevade.

Jean PEYRELEVADE : Tous ces actifs, bien entendu, avaient été financés par le Crédit Lyonnais, non pas sur ses fonds propres qui étaient insuffisants, mais par de la dette. Donc, le Crédit Lyonnais avait emprunté 200 milliards de francs, si je peux simplifier, pour financer les 200 milliards d'actifs. Les 200 milliards d'actifs, non seulement il y avait 50 milliards de perte potentielle à l'intérieur, sur leur valeur intrinsèque, mais en plus, tous les

1. Filiale du Crédit Lyonnais spécialisée dans les participations industrielles.

ans, ce qu'ils rapportaient était zéro. Alors que sur les 200 milliards de financement, nous payions 5, 6, 7 % de taux d'intérêt. Donc, nous avions sur le financement, de toute façon, une charge annuelle de plusieurs milliards. Ce que l'Etat a refusé, c'est de nous décharger du financement des actifs qui avaient été sortis de notre bilan.

– Vous gardiez la charge des emprunts faits pour des actifs qui vous étaient enlevés, mais cette charge et les agios, tournant à vide et pour rien, étaient toujours à votre charge.

– En charge dans notre compte d'exploitation. J'étais complètement perdu. Personnellement, parce que je ne comprenais pas ce que voulait l'actionnaire. Je ne comprenais pas comment on voulait à la fois un redressement et ne pas se donner les moyens du redressement.

Edmond ALPHANDÉRY : Certains ont parlé d'optique punitive. Il s'agissait nullement de punir le Lyonnais. D'ailleurs, le plan a été mis en place par Peyrelevade et par mes services. Il fallait un plan qui permette au Lyonnais de se redresser. Si on faisait un plan qui aboutisse six mois ou un an après, comme nous l'avions fait pour le premier plan, à se retrouver avec les mêmes difficultés, nous n'aurions pas avancé. Naturellement, il fallait que le Lyonnais fasse en parallèle les efforts nécessaires pour se redresser. Cela ne servait à rien de faire un plan qui ne s'accompagne pas du redressement du Crédit Lyonnais.

Jean PEYRELEVADE : Je ne comprenais pas. Et la lumière a jailli dans mon esprit. J'ai compris. Dominique Bazy était avec moi d'ailleurs, je crois, le jour de la conférence de presse qu'a tenue le ministre pour annoncer le plan, en mai ou juin 1995. Ce dernier a dit : « L'opération Crédit Lyonnais ne coûtera pas un sou au contribuable. »

En fait, « pas un sou de plus », disait Edmond Alphandéry.

Edmond ALPHANDÉRY : Oui, j'ai bien dit « pas un sou de plus » parce qu'on avait déjà mis 20 milliards. Le Lyonnais était la première banque européenne. Elle avait des ressources considérables et, donc, en lui donnant le temps et les moyens de se redresser, on pouvait espérer que le Lyonnais finance lui-même, au-delà des 20 milliards déjà investis, le trou qu'il avait créé.

Mars 1995. Entouré de Jean-Claude Trichet, alors directeur du Trésor, et de Jean Peyrelevade, le ministre des Finances présente le second plan de sauvetage du Crédit Lyonnais.

Edmond ALPHANDÉRY : Quand j'annonce le plan de redressement du Lyonnais, j'entends faire trois choses : d'abord donner au Crédit Lyonnais les moyens et le temps nécessaires pour son redressement. Le Lyonnais est une grande banque et donc j'estime que le Lyonnais doit avoir les moyens de se redresser. C'est fait aujourd'hui. Je souhaite d'autre part le privatiser, dans un délai de cinq ans, et je l'annonce. Objectif également atteint. Et je souhaite, enfin, limiter la casse pour le contribuable et la vente du Crédit Lyonnais, là encore, a atteint ce but. Nous donnons un rendez-vous au Crédit Lyonnais. Nous lui disons dans cinq ans, si vous travaillez bien, vous serez en situation d'être privatisé, de voler de vos propres ailes et de rembourser, grâce à la privatisation, l'essentiel de la perte passée.

Cinq ans plus tard, le Crédit Lyonnais sera au rendez-vous fixé par Edmond Alphandéry. Toujours vivant et prêt pour la privatisation. Entre-temps, Edmond Alphandéry a dû se rendre à Bruxelles pour y faire accepter son plan. Plusieurs banques, et surtout les deux principales concurrentes du Crédit Lyonnais, la BNP et la Société Générale, se sont plaintes et ont saisi la Commission pour les aides apportées par l'Etat. Le Commissaire à la concurrence, Karel Van Miert, pose les conditions.

Karel VAN MIERT, *commissaire européen à la Concurrence de 1993 à 1999*: Quand une banque, même une banque publique qui est en concurrence avec les autres, reçoit des aides, c'est une distorsion de concurrence. Les autres concurrents ne reçoivent pas d'aides. Il faut rappeler qu'à ce moment-là, deux grandes banques françaises ont porté plainte et ont dit : « Ce n'est pas acceptable. Nous, on doit gagner notre vie avec nos propres moyens. Il y a une banque publique qui a fait énormément de gaffes et maintenant, pour les remercier en quelque sorte, on leur donne beaucoup d'argent du contribuable, on retire les actifs pourris, on les cantonne dans une structure *ad hoc*, et puis la banque peut continuer comme si de rien n'était. Ce n'est pas sérieux. » L'Etat peut donner des aides pour que l'entreprise retrouve sa viabilité, mais il faut apporter des contreparties ou faire des sacrifices en faveur des concurrents qui, eux, n'ont pas ce privilège. Voilà la logique. Dès lors, il fallait trouver, avec les autorités françaises, un accord, négocier un accord comme quoi, par rapport ou en compensation de cette aide très considérable, il fallait faire un certain nombre de sacrifices, par exemple en vendant des actifs, non pas pourris, mais des actifs réels, par exemple, en vendant, et c'était un élément de l'accord, la moitié des actifs de la banque en dehors de la France, en Europe.

Surtout, dure réalité pour la banque, Karel Van Miert entend mettre un chiffre aux réductions imposées.

Jean PEYRELEVADE : Il n'y a pas de mesure chiffrée de l'aide. A l'époque, j'y suis opposé, parce que je pense que les pertes risquent d'aller au-delà. Je ne suis pas sûr qu'il n'y aura que 50 milliards de pertes dans les 200 milliards qu'on a sortis. Donc, je n'ai pas envie de mettre une limite et, pour des raisons probablement très exactement inverses, le ministre non plus. Donc, on ne chiffre pas. C'est Bruxelles qui va nous obliger à chiffrer. La décision d'approbation de Bruxelles sur le plan n'intervient qu'au mois de novembre 1995. Edmond Alphandéry a été remplacé par Alain Madelin, que je n'ai jamais vu pendant les trois ou quatre mois où il a été ministre.

La victoire de Jacques Chirac à l'élection présidentielle du printemps 1995 est, en effet, suivie de la formation d'un nouveau gouvernement. Un nouveau Premier ministre, Alain Juppé, et un nouveau ministre des Finances, Alain Madelin, entrent en scène.

Karel VAN MIERT : Il y a eu des tiraillements, et je ne peux pas dire que mes relations avec Alain Madelin étaient les mêmes qu'avec Edmond Alphandéry. J'ai gardé un souvenir très déplaisant de cela. Il avait du mal à accepter cette logique de la discipline dans le domaine des aides d'Etat, et j'ai dû insister sur certaines choses, des engagements déjà pris par son prédécesseur. Je crois qu'il avait du mal à accepter et qu'il l'a clairement fait sentir par un comportement qui, pour moi, était inacceptable.

Alain MADELIN, *ministre des Finances en 1995, président de Démocratie libérale* : La dégradation des rapports... S'il s'agissait de céder à tous les desiderata de Bruxelles, c'est vrai que les choses se sont peut-être un peu tendues. A l'inverse, d'autres ont dit : « Mais vous cédez un peu trop facilement à Bruxelles. » Donc, je crois qu'on a trouvé, peut-être, un juste milieu.

Le second plan de sauvetage mis au point par Edmond Alphandéry est modifié. Il sera l'objet d'une loi qui sera votée par le Parlement fin 1995. Le lien entre le Crédit Lyonnais et le CDR est coupé. Le CDR est désormais autonome et a obligation de liquider tous ses actifs dans les cinq ans qui suivent. Michel Rouger, nommé à la tête du CDR, a suivi un parcours atypique pour les cercles du pouvoir. Il a débuté comme chauffeur routier avant de créer une mutuelle dont il est devenu cadre dirigeant. Et beaucoup plus tard, président du tribunal de commerce de Paris, là où se jugent les faillites et les plans de reprise d'entreprises en difficulté, là où Alain Madelin va le chercher au printemps 1995 pour prendre la direction du CDR.

Michel ROUGER : Trois, quatre semaines après, j'ai été convoqué par Alain Madelin, qui était ministre de l'Economie et des Finances, et qui m'a proposé de prendre le CDR avec la perspective de reconstruire le dispositif, une fois connue la décision des autorités de Bruxelles, puisqu'il est évident qu'il y avait l'introduction d'un élément nouveau et déterminant, la séparation imposée par Bruxelles entre le Crédit Lyonnais et le CDR. Il est vrai que si Bruxelles avait permis au Crédit Lyonnais de conserver la gestion interne du CDR, ce serait apparu comme beaucoup moins liquidatif. Le Crédit Lyonnais était une bonne banque qui gérait la « mauvaise banque » qu'on avait extraite de ses entrailles, si vous voulez, mais il en conservait la responsabilité, donc le côté liquidatif était moins affirmé. Dès l'instant où vous extrayez le CDR du Crédit Lyonnais, vous affirmez le liquidatif et vous l'affirmez d'autant plus qu'en même temps – moi je n'ai pas à juger, je dis simplement – le gouvernement a pris l'engagement que 50 % de ce qui était transféré au CDR serait liquidé avant trois ans et 80 % avant cinq ans.

Le CDR est victime de l'urgence et de la séparation. Coupé de ceux qui avaient la mémoire des dossiers, parfois incomplets, et de montages souvent compliqués, manquant d'effectifs suffisants, c'est presque une mission impossible.

Alain MADELIN : Il y a eu, dans le passé, une formidable connivence entre les dirigeants du Crédit Lyonnais, un certain nombre d'affairistes et la haute administration. Et je refusais, pour ma part, de laisser les choses en l'état. Je me souviens vaguement, de mémoire – mes propos vont peut-être manquer de précision, mais ils ne vont pas manquer de sens –, qu'à un moment, on me dit : « Il faut d'urgence donner votre feu vert, monsieur le ministre, à telle liquidation d'actifs du Crédit Lyonnais. Il faut donner X centaines de millions ou X milliards d'argent public. » Je réponds : « Attendez, j'aimerais savoir de quoi on parle. Vous me demandez de prendre la décision maintenant, parce que vous me dites qu'il faut décider d'ici ce soir ? Qu'est-ce que c'est que cette histoire ? » « Tout le monde est d'accord. » Tout le monde est d'accord ? Qui ? Je dis : « Quel est notre avocat, quel est l'avocat de Bercy, du ministère des Finances dans cette affaire ? » C'est maître Untel. « Je vais l'appeler au téléphone pour avoir son avis. C'est bien l'avocat du ministère des Finances ? » « Ben ! non. Faut qu'on vous dise, ce n'est pas l'avocat du ministère des Finances, c'est l'avocat du Crédit Lyonnais, en réalité. » « Mais alors, comment peut-on continuer comme ça ? » Je cite cette anecdote pour montrer à quel point il s'agissait de dossiers extrêmement embrouillés, extrêmement confus et à quel point, pour ma part, j'ai souhaité avoir un suivi judiciaire directement au cabinet du ministre et qu'ensuite le CDR puisse être un peu coupé du Lyonnais pour mettre en œuvre les procédures transparentes et, éventuellement, engager les poursuites sans être pris dans des liens de connivence avec les anciennes équipes du Lyonnais. Je n'aurais vraiment pas aimé voir, comme cela a été un peu la tendance, un certain nombre de cadres dirigeants du Crédit Lyonnais continuer de s'enrichir à titre personnel sur ces actifs que l'on aurait cédés dans les conditions fixées en connivence avec le Crédit Lyonnais.

– Vous dites s'enrichir à titre personnel ?

– Oui, il y avait un protocole d'accord qui m'était proposé à l'époque, où les dirigeants du Crédit Lyonnais seraient intéressés, à titre personnel, aux liquidations des actifs de la banque. J'ai trouvé que ceci n'était pas très moral.

En fait, d'après nos vérifications, cette clause d'intéressement aux ventes ne concernait pas l'enrichissement personnel des dirigeants mais l'intéressement de la banque elle-même. Elle visait à éviter la braderie des actifs pour en tirer, au contraire, le meilleur prix possible. Pas de quoi pousser à la rupture complète entre le Crédit Lyonnais et le CDR.

Jean PEYRELEVADE : Donc ce plan est approuvé avec un épisode bizarre, stupide, qui nous a coûté très cher : la lettre, dite secrète, qui promet, sous signature d'Alain Madelin, qu'en échange de l'aide d'Etat, le Crédit Lyonnais vendra la moitié de ses implantations européennes. Elle n'est que la concrétisation d'un engagement verbal pris par Edmond Alphandéry en tête-à-tête avec Karel Van Miert, à Strasbourg, engagement verbal dont je n'ai jamais été informé.

Karel VAN MIERT : Cette lettre est littéralement arrivée lors de la réunion de la Commission. Evidemment, les collègues n'étaient pas très contents parce que ce n'est pas comme ça que l'on travaille normalement.

– Pourquoi était-elle secrète et pourquoi ne l'a-t-elle plus été ?

– Comme il y avait une série d'engagements qui concernaient notamment la vente d'actifs, il y avait une préoccupation du côté français que je comprenais : ne pas mettre ça sur la place publique. Il faut vendre quand même pour des dizaines et des dizaines de milliards. Ça faisait quand même un montant de 310 milliards de francs français. Il faut pouvoir gérer sérieusement. Et quand les concurrents savent que vous devez vendre dans une certaine période, évidemment la valeur en prend un sacré coup. Donc, il était, me semble-t-il, raisonnable que du côté français on demande que certains engagements restent confidentiels, mais néanmoins formels. Voilà cette opération un peu compliquée où j'avais accepté le principe que certains engagements resteraient confidentiels, mais seraient bel et bien codifiés, bel et bien écrits noir sur blanc par un engagement du gouvernement. C'est ça la fameuse lettre de Madelin.

– Pourquoi n'est-elle pas restée secrète ?

– Parce que... évidemment... j'en ai informé mes collègues, comme ça se doit. Donc, je crois qu'à un certain moment, Bercy a dû expliquer à Jean Peyrelevade les engagements que l'autorité publique avait pris et ce que cela voulait dire. Sans doute, petit à petit, cela s'est su.

A ce moment-là, trois mois après avoir été nommé, Alain Madelin n'est déjà plus ministre. Contraint à démissionner pour avoir critiqué publiquement les réformes fiscales souhaitées par le Premier ministre, Alain Madelin a été remplacé par Jean Arthuis. Nous sommes en août 1995, le vote de la loi n'aura lieu qu'en novembre. Michel Rouger attend toujours sa lettre officielle de mission.

Michel ROUGER : Au moment où je suis nommé, le ministre qui m'a nommé n'est déjà plus là...

– Vous êtes dans un flou juridique...

– Je n'aurai jamais aucune mission. Je n'ai jamais reçu de mission. Jamais. On a attendu la création de l'établissement public [1], la dotation à cet établissement public des moyens de fonctionner et la création du comité consultatif de contrôle, pour que l'on puisse cadrer nos activités. C'est seulement début 1997 – ça fait pratiquement 18 mois que je suis là ! – qu'un conseil d'administration de l'établissement public a validé, a pris acte de nos objectifs 1997.

A la demande du nouveau ministre, Michel Rouger engage un audit complet de l'ensemble des actifs transférés au CDR : 1 100 dossiers et 6 000 créances. Il faudra presque deux ans à une équipe surchargée pour en faire le tour, deux ans pendant lesquels les actifs se déprécient.

Michel ROUGER : Je ne jetterai jamais la pierre aux gens qui ont fait ces travaux parce que c'était tellement énorme, tellement divers, contesté, discutable ! On a découvert d'énormes créances qui étaient réputées reposer sur des immeubles. Les immeubles n'étaient pas là. Quand on vous dit : « Voilà, vous avez une créance de 35 millions ou de 250 millions » – ce qui était le cas –, et vous avez en face un immeuble, on le décote, la créance de 250, l'immeuble ne vaut plus que 170 et l'autre de 35, l'immeuble ne vaut plus que 22. Et puis, vous découvrez que les immeubles n'existent plus, en

1. L'EPFR, établissement public de financement et de restructuration.

cours de route, parce qu'il y a eu des opérations dans lesquelles il y a eu des procès. Il y a eu des contestations et les immeubles n'étaient pas la propriété de ceux qui disaient qu'ils les avaient. Donc, vous aviez une créance qui était décotée à 30, 35, 40 ou 50 % et brutalement, elle devenait zéro, parce que c'était une créance qui ne reposait sur rien, si ce n'est sur une société en faillite. Jamais, nulle part et à aucun moment, on avait isolé la totalité de ce sinistre. On ne l'avait pas, comme on dit en termes d'incendie, circonscrit. Le seul moyen de le circonscrire, c'était de l'isoler, de tout traiter à l'intérieur du CDR et de faire les comptes. Quand on a regroupé toutes ces sociétés de toutes sortes, et qu'on a annulé toutes les écritures dans tous les sens à l'intérieur du dispositif, parce que toutes ces sociétés étaient croisées et entrecroisées, on a brutalement dégagé, grosso modo, 20 milliards de non-valeurs. Ce n'était ni des actifs ni des passifs, c'était des lignes comptables qui n'avaient plus lieu d'être et qu'il fallait faire disparaître. Pouvait-on les amortir sur 40 ans ? Non, puisque ce n'est pas le boulot du CDR. Donc, il a bien fallu prendre une décision, dont j'ai assumé la responsabilité, se dégager d'un seul coup d'un seul sur les exercices 1995, 1996 et 1997, de l'ensemble de ces écarts d'acquisition. Il y en a pour 20 milliards, qui étaient peu connus et très peu identifiés dans les premières estimations qui avaient été faites en 1994. Mais il y avait encore une petite réserve, il y avait encore à peu près, je crois, 150 sociétés à rajouter. C'était énorme comme dispositif et il y avait à peu près 150 sociétés qui n'apparaîtront, elles, qu'en 1997 sur les comptes de 1996 et qui achèveront le dispositif. On savait déjà, et je l'avais écrit de la façon la plus claire au ministre à l'été 1996, vous m'entendez bien, été 1996, quelle était la situation des comptes et combien ça coûterait. Grosso modo, on sait, et moi je l'ai toujours dit, qu'on est autour de 90 milliards prévisibles, hors coût de portage.

Le coût de portage, c'est-à-dire le coût des intérêts à payer sur l'emprunt fait au Crédit Lyonnais pour couvrir les 200 milliards de francs d'actifs. Emprunt qui se résorbe toutefois au fur et à mesure des ventes.

Jean ARTHUIS : Quand j'ai su que dans les filiales il y avait eu des choses atroces – je m'en doutais, mais un rapport de la Cour des comptes me l'a confirmé –, immédiatement, j'ai demandé à mon collègue garde des Sceaux d'engager la responsabilité des administrateurs de la société mère, Crédit Lyonnais, et des commissaires aux comptes parce que je n'admets pas cette exonération de responsabilités au motif qu'on est en charge de la mère et pas des filiales. Je donne comme instruction que l'on engage systématiquement des poursuites, dès lors qu'il y a des faits qui établissent des délits, des abus et des manquements à la probité.

– Poursuites judiciaires qui visent qui précisément ? Les administrateurs du Lyonnais ou les filiales ?

– Tout, tout.

Michel ROUGER : Je précise, c'est un sujet hypersensible, que nous n'avons pas trouvé de trace d'intérêt personnel de gens, comme on dit en termes simples, qui se sont mis de l'argent dans la poche, ailleurs qu'à la périphérie, assez loin des structures dirigeantes. Il est vrai que dans certaines filiales de filiales, dans certaines petites filiales de banques... on a trouvé des gens qui avaient mélangé leur caisse personnelle avec la caisse de la société, de la banque, ou ainsi de suite. Mais, vraiment, on ne peut pas dire que les dirigeants, c'est-à-dire la direction générale du Crédit Lyonnais, dans la période la plus difficile, ait fait des choses répréhensibles.

Jean ARTHUIS : D'ailleurs, je me suis étonné, à un moment, que l'un de mes conseillers soit venu me voir en me disant : « Mais, monsieur le ministre, si vous engagez la responsabilité des commissaires aux comptes, vous devez être attentif au fait que, dans ces conditions, on ne pourra plus rien leur demander. » Je trouve cette réponse fascinante. Cela veut dire que, dans le passé, on leur demandait quelque chose, et qu'il devait y avoir de temps en temps des discussions âpres et difficiles entre un commissaire aux comptes ayant des états d'âme pour certifier la sincérité, la régularité des comptes de telle entreprise, et le Trésor qui était l'exécuteur des instructions politiques, sur le thème : « On ne veut pas d'histoires, donc arrangez-vous pour que le commissaire aux comptes certifie. »

Pendant ce temps-là, la crise continue à creuser les résultats du Crédit Lyonnais.

Jean PEYRELEVADE : Les chiffres n'arrêtent pas de se détériorer, mois après mois : chiffre d'affaires, résultat brut d'exploitation, provisions courantes, résultats n'arrêtent pas de se détériorer entre décembre 1993 et mai 1996. C'est long, long. Deux ans et demi durant lesquels nous ne recevions que des mauvaises nouvelles. Chaque fois, des découvertes plus ou moins désagréables.

– Et vous touchez le fond avec l'incendie du siège du Crédit Lyonnais.
– Et l'incendie vient à ce moment-là...

Le 5 mai 1996, à 8 h 30 du matin, le siège social du Crédit Lyonnais, boulevard des Italiens, dans le IIe arrondissement de Paris, est la proie des flammes.

Jean PEYRELEVADE : Je suis très calme, si vous voulez. Très, très... presque un sentiment de fatalisme. Trop, c'est trop. Mais en même temps, d'une certaine manière, à partir du moment où je suis entré dans ce truc, j'aurais dû m'attendre à tout. A 22 heures, en réunion du comité exécutif, j'ai fait – ce qui m'arrive de temps en temps, je n'ai pas eu le temps ni de prévenir ni de contrôler – une vraie syncope. Complète. C'était drôle, parce que, quand j'ai rouvert l'œil, j'ai vu que mes trois collègues autour... Je lisais leurs pensées. Ils étaient en train de se dire : « Merde ! Non seulement le Crédit Lyonnais brûle, mais en plus le président va nous claquer entre les mains d'une crise cardiaque. » C'était évident qu'ils le pensaient et donc, j'ai ouvert l'œil, je leur ai dit : « Rassurez-vous, ce n'est rien. »
– Aujourd'hui, à deux, trois ans d'intervalle, est-ce que vous vous êtes fait une idée sur les causes de l'incendie ? On a beaucoup parlé d'incendie criminel.
– Non, on est dans une situation pas très agréable et qui, je suppose, médiatiquement, risque à nouveau d'être exploitée contre nous. En l'état actuel de l'enquête, il y a une ou deux expertises, parmi une multitude, qui disent qu'il est impossible que les niveaux de température atteints aient pu l'être sans intervention humaine.

– Donc, on ne peut plus exclure l'hypothèse d'un acte criminel.

– Non, on ne peut pas l'exclure, mais on n'a aucun élément qui permette, aujourd'hui, de l'affirmer non plus.

Qui ? Pourquoi ? Comment ? Rien n'est sûr. Tout n'est encore qu'hypothèses.
Revenons en arrière quelques mois avant l'incendie, début 1996. Le Crédit Lyonnais ne peut plus assumer les charges qu'il doit payer au titre du plan de sauvetage engagé un an plus tôt. En effet, les actifs cédés au CDR l'ont été grâce à un prêt du Crédit Lyonnais que le CDR rembourse à 85 % du taux du marché. Pour faire ce prêt, le Lyonnais a lui-même emprunté sur le marché interbancaire. Entre-temps, les taux d'intérêt ont baissé de moitié et le Crédit Lyonnais perd chaque année 3 à 4 milliards entre ce que lui coûte ce qu'il a emprunté et ce que lui rapporte ce qu'il a, lui, prêté.

Jean PEYRELEVADE : Février 1996, j'ai peut-être perdu un peu de temps, enfin, pas des années-lumière. Après février 1996 je vais voir les plus hautes autorités de l'Etat pour leur dire : « Ecoutez, désolé, ça ne passe pas... »

– Les plus hautes autorités de l'Etat, c'est-à-dire ?

– C'est-à-dire quelqu'un à l'Elysée. « Désolé, ça ne passe pas. Je suis capable à peu près de gérer l'ensemble de la boutique, j'espère la redresser, la reconstruire, mais les 3 ou 4 milliards de francs de prélèvement annuel pour financer la structure qui porte les mauvais actifs [1],

1. Le CDR.

nous n'avons pas la capacité de le supporter nous-mêmes. Nos comptes ne le permettent pas. La décision est urgente, puisque si vous ne me donnez pas un accord, je vais être obligé d'arrêter les comptes 1996 en perte. »

Mars, avril, mai, il ne se passe rien. Je vois le Premier ministre, Alain Juppé, quelque part vers le mois d'avril ou le mois de mai. Je lui explique le problème : « Je ne vois pas d'autre solution que de nous exonérer de ce paiement », c'est-à-dire d'accroître l'aide d'Etat d'une certaine manière. Alain Juppé me répond : « Je comprends votre problème, je n'aime pas votre solution. » Je lui dis : « Je pense qu'il n'y en a pas d'autres. » Il me dit : « Ecoutez, je vais regarder. » Toujours cette illusion qu'il doit y avoir à l'intérieur du Crédit Lyonnais, quelque part, des richesses cachées qu'on devrait sortir, qu'on devrait extérioriser... Je dis : « Désolé, il n'y a pas de richesses cachées, il n'y a pas de plus-values. » Juin, juillet, il ne se passe rien. Je ne revois personne, j'ai toujours ma solution. Je n'en vois pas d'autres.

Jean ARTHUIS : Je suis ministre des Finances, je n'ai pas les moyens de recapitaliser le Crédit Lyonnais puisque l'Etat est très impécunieux. Je rappelle que, aujourd'hui et pour quelque temps encore, quand l'Etat rembourse des emprunts, il emprunte. Je me permets cette précision. Donc, je soumets au Premier ministre une proposition... d'un troisième plan pour le Crédit Lyonnais, c'est de dire qu'il faut absolument neutraliser cette perte structurelle liée à l'amélioration des conditions du marché, puisque les taux d'intérêt sont très faibles, ce qui est très bon pour l'économie et pour l'emploi en France. Je propose que l'on efface la perte 1995 et la perte 1996 ; 3,6 milliards de francs. Et que l'on s'engage pour l'avenir de la même façon. Car c'est ça que j'ai consenti au Crédit Lyonnais, qu'il puisse facturer au CDR la ressource au prix qu'elle lui coûte sur le marché. Rien d'autre.

Karel VAN MIERT : Ce n'est qu'au moment où est venue cette demande, en 1996, d'une aide d'urgence, qu'on a découvert l'ampleur du désastre. Enfin, la véritable ampleur du désastre. Je suis sûr qu'on aurait pu nous informer avant. A nouveau, nous avons joué le jeu, en disant : « Ecoutez, on peut comprendre vos soucis et admettre une aide d'urgence, limitée... Mais alors, il faut qu'en quelques mois vous nous présentiez un nouveau plan de redressement. »

Jean ARTHUIS : Karel Van Miert fait référence à l'engagement qu'a pris mon prédécesseur, Alain Madelin, en juillet 1995. Il demande que le Crédit Lyonnais allège sa voilure. Cela veut dire qu'au plan européen, on doit se dessaisir d'un certain nombre de filiales. Au plan international, on doit céder des participations, refaire de la liquidité en réduisant l'importance de la maison.

Karel VAN MIERT : Malheureusement, ça a traîné. Les engagements n'ont pas été respectés. On nous a dit : « Le plan arrive, à la fin de la semaine. » Puis : « Non, dans un mois. » Et ainsi de suite. Dans cette période, il y a eu sans doute plusieurs menaces de démission.

– De la part de qui ?

– De la part de Peyrelevade.

Jean PEYRELEVADE : On m'accuse souvent de démissionite aiguë. C'est la seule fois, la seule, sur ces trois ministres-là, la seule fois que j'ai manifesté clairement qu'il y avait des choses que je ne savais pas faire.

Karel VAN MIERT : Vraiment, j'ai été sidéré que l'Etat français, dans ce dossier, à la fois ne soit pas en mesure de faire en sorte qu'une banque publique soit gérée convenablement, de contrôler les activités de cette banque, et puis, quand ça a déraillé, ne soit pas capable de se faire respecter en tant qu'autorité publique, d'être en mesure de découvrir rapidement ce qui se passe.

Jean PEYRELEVADE : Bruxelles était convaincue d'un complot des Français, bien d'accord entre eux pour se moquer des commissaires et de la direction de la Concurrence. Cela a considérablement envenimé le climat à Bruxelles. La vraie divergence était sur la capacité du Crédit Lyonnais, d'une certaine façon, à absorber lui-même une partie des conséquences de ses erreurs fondamentales. Et c'est là-dessus que, tout en étant, une fois de plus, trop optimiste, j'ai probablement eu une position complètement décalée par rapport à l'ensemble des gens qui m'entouraient, y compris un certain nombre de gens à l'intérieur de la maison.

Karel VAN MIERT : Il y a, là aussi, eu un dysfonctionnement dans la relation entre la banque et l'autorité publique. Car, apparemment, la banque était en mesure, ou la direction était en mesure, de bloquer le gouvernement. Vraiment, je n'exagère pas quand je vous dis qu'au moins une dizaine de fois, du côté de l'autorité publique française, on m'a dit : « Ecoutez, on est embêté, mais Jean Peyrelevade menace à nouveau de démissionner. Il faut comprendre que ce n'est pas le moment, etc. »

A nouveau, l'autorité publique était coincée, était bloquée.

Entre les exigences de Bruxelles et la stratégie de survie de la banque, le ministre est coincé. Pendant ce temps la rumeur rattrape le CDR, accusé de brader des actifs dépréciés.

Michel ROUGER : Il y a eu une gigantesque opération de désinformation en faisant croire que le CDR était un outil destiné à gérer et à vendre des actifs. C'était aussi un outil à payer des dettes. Et on a toujours oublié cette partie-là. Or, cette partie est fondamentalement à l'origine des difficultés du système parce que, quand vous avez 60 milliards à rembourser, vous êtes bien obligé de vendre des actifs qu'on vous a donnés pour les payer. Et vous êtes bien obligé de commencer par payer vos dettes à l'extérieur, avant de payer vos dettes à l'intérieur. Donc, il a bien fallu vendre, vendre et vendre. Pour récupérer des créances, il a fallu faire ce qu'il fallait pour diminuer le passif qui a été transféré en même temps que les actifs. Ce ne sont pas les actifs qui m'ont donné du souci, ce sont les passifs. Et on n'en parle jamais. C'est la raison pour laquelle, d'ailleurs, on a limité les ventes dans l'immobilier, le recouvrement de créances dans les banques à liquider. On était ficelé par l'incapacité des débiteurs de rembourser, et Dieu sait s'il y avait de mauvais débiteurs. Et on était obligé de se concentrer sur la partie venant des entreprises. Donc, de vendre des affaires qu'on aurait peut-être eu intérêt à vendre plus tard, mais qu'on était obligé de vendre pour payer les dettes. Cela me permet d'aborder un sujet qu'on n'a jamais traité, qui était le risque d'alourdir la facture. Dans l'analyse des comptes, c'est ce que j'ai tout de suite recherché : voir les endroits où la facture risquait de s'alourdir et donc me mettre à liquider le plus vite possible les affaires dans lesquelles les dettes allaient s'accumuler. Celles-là, ce serait nos dettes, ce serait celles que l'on aurait fabriquées et qu'on était sûr que l'on ne récupérerait jamais et que c'est ce fameux contribuable qu'on évoque toujours qui les paierait.

Plus tard, un rapport de l'inspection générale des Finances critiquera la gestion du CDR et, faisant écho à la rumeur, notera des pertes qui auraient pu être évitées. Il pointera notamment les conflits d'intérêts personnels sur certains dossiers, le manque de transparence, voire l'opacité complète de certaines transactions, et aussi la multiplicité des interventions politiques favorisant certaines entreprises.
Début 1997, la situation est toujours bloquée entre le Crédit Lyonnais, qui lutte pour survivre, et Bruxelles qui impose une réduction du tiers des actifs de la banque, soit 620 milliards de francs sur les 2 000 de son bilan.

Karel VAN MIERT : A plusieurs reprises, j'ai dû publiquement rappeler les engagements pris, demander au gouvernement des comptes, en disant : « Mais qu'est-ce qui se passe ? La banque apparemment se comporte comme si l'actionnaire principal n'avait pas pris d'engagement. Ce que je vous demande, c'est de les faire respecter. »

Jean ARTHUIS : Pour mettre un terme à cette situation, la seule issue est la privatisation. La privatisation la plus rapide possible, la plus rapprochée possible. Tout le reste revient à discuter du sexe des anges. J'avais fait des ouvertures pour la cession d'un certain nombre de participations en Europe, pour la sortie de la banque de détail en Europe. Il me semble que ce plan-là était parfaitement validable par Karel Van Miert.

– Pourquoi l'a-t-il refusé ?

– Il n'a jamais été communiqué formellement pendant cette période. Il faut bien voir que le gouvernement a été emporté par la dissolution de l'Assemblée nationale. Donc, je n'ai pas eu l'occasion de faire agréer mon plan.

C'est en effet le printemps 1997, le temps de la dissolution surprise. La gauche revient au pouvoir : un nouveau Premier ministre, Lionel Jospin, un nouveau ministre des Finances, le quatrième en quatre ans. Jean Arthuis cède la place à Dominique Strauss-Kahn.

Dominique STRAUSS-KAHN : Nous arrivons à un moment où la situation est un peu ubuesque. La Commission réclame à la France un plan suite à l'aide d'urgence et celui-ci n'est jamais fourni. Mon impression d'ensemble de cette affaire – elle n'est pas terminée, donc il faut être prudent sur les jugements –, c'est que la France ne s'est pas bien comportée. Elle ne s'est pas bien comportée avec la Commission et elle a donc généré une réaction de rejet, de méfiance de la part de la Commission en général, je ne parle pas particulièrement de Karel Van Miert. Du coup, il devenait très difficile d'arriver à trouver une bonne solution parce que, quand il n'y a pas de confiance dans un débat comme celui-ci, on ne débouche pas.

Karel VAN MIERT : Je crois que, dès notre premier entretien, je lui ai dit : « Ecoutez, Dominique, vous êtes maintenant le quatrième ministre avec qui je traite ce dossier, depuis des années. Jusqu'à maintenant, je suis le seul commissaire avec qui on le fait, mais je ne veux pas qu'il y en ait un second. Il faut que ce dossier soit complètement réglé avant la fin de cette Commission. Parce que, vraiment, cela a été une expérience extrêmement pénible. Il faut savoir que ni moi-même ni mes collègues ne sommes disposés à refaire cette expérience. » Il m'a dit : « Je comprends. D'ailleurs, je te connais bien. Je tiens mes engagements. Donc, je te rassure, il en est ainsi, et je te rassure, tout le gouvernement prend cet engagement. »

Dominique STRAUSS-KAHN : Nous avons une entreprise de plus de 50 000 salariés, qui joue un rôle majeur dans l'ensemble du système financier français et donc européen, et il faut sauver l'entreprise. Donc, l'objectif premier que je fixe à mes collaborateurs, c'est de sauver l'entreprise, deuxième objectif, faire en sorte que, au bout du compte, le contribuable français, enfin l'Etat et donc le contribuable français, minimise au maximum les dégâts et les pertes, et troisième objectif, que dans cette affaire les modalités mises en œuvre cessent de ressembler à la façon dont a été géré le dossier, c'est-à-dire qu'il y ait de la transparence, qu'il y ait de la clarté, que la justice passe là où elle doit passer et qu'on arrête d'avoir des interférences politiques. Il y en a quand même eu beaucoup précédemment, dans la liquidation des actifs du CDR.

Karel VAN MIERT : Il restait encore plusieurs points de négociation. Il restait le fait que le compte n'y était pas, c'est-à-dire qu'il manquait un peu moins de 100 milliards de francs français de sacrifice, en termes de compensation. On butait sur la question : où faire ce sacrifice ? J'ai toujours dit : « Ecoutez, le chiffre de 620 milliards doit être respecté. » Strauss-Kahn avait pris, en principe, l'engagement de le respecter. Seulement, il voulait mettre dans la corbeille des choses que je ne pouvais accepter, ou qui ne faisaient pas le compte.

Dominique STRAUSS-KAHN : Tout le débat était : qu'est-ce qu'il faut vendre ? qu'est-ce qu'il ne faut pas vendre ? Avec, du côté français et en particulier de la présidence du Crédit Lyonnais, l'idée de dire : « Attendez, vous êtes gentils, mais il faut que l'entreprise reste viable. Donc, on peut vendre un certain nombre de choses, mais il y a un moment où, à force de couper les branches de l'arbre, il ne peut plus vivre. » Et puis, du côté de la Commission, le fait de dire : « On a fixé un certain quota, correspondant au premier plan, finalement les pertes se révèlent, en gros, deux fois supérieures au premier plan, donc il faut deux fois plus de contrepartie. La proportion n'a pas de raison de changer. » Et deux fois plus de contrepartie aboutissait à 620 milliards de cessions. Le Crédit Lyonnais avait bien du mal, il faut être honnête, à trouver des cessions possibles qui gardaient le Crédit Lyonnais viable. Donc, tout le débat a été de voir ce que l'on pouvait faire entrer dans ces cessions, de les faire accepter par la Commission et puis de les répartir sur la planète, de façon satisfaisante, pour que le Crédit Lyonnais reste une grande banque de détail en France, et une grande banque d'entreprises en France et à l'étranger. On ne peut pas être une grande banque mondiale, comme l'est le Crédit Lyonnais, même s'il a perdu une part de son importance, sans avoir un point à Tokyo, à New York et ailleurs. Si on supprime tout, alors il ne peut plus vivre.

Le plan prévoit la vente du tiers des implantations de la banque en Europe et dans le monde. Une réduction, un repli, qui se décide pied à pied, pas à pas. Le Crédit Lyonnais lutte pour sa survie. Bruxelles s'impatiente.

Karel VAN MIERT : Tout à fait au début du mois d'avril, j'avais proposé à mes collègues, qui les ont acceptées, les conditions qui devaient être remplies par les autorités françaises avant que la Commission puisse prendre une décision positive. Donc, le gouvernement était parfaitement au courant de nos demandes. Comme à ce moment-là il n'y avait pas de réaction, comme nous avions donné un délai d'un mois, c'est-à-dire au début du mois de mai, et que rien ne venait, je devais faire préparer une décision négative. C'est ce que j'ai fait.

– Vous avez fait préparer une décision négative ?

– Mais, bien sûr ! Parce que du moment que le gouvernement ne répondait pas dans les délais convenus, il fallait que la Commission tranche. En grande majorité, la Commission était déjà parfaitement d'accord.

– C'est-à-dire qu'il y a un moment où la Commission a décidé pratiquement de mettre le Crédit Lyonnais en faillite ?

– La Commission a décidé que, si les conditions n'étaient pas remplies, elle n'avait pas d'autres choix. C'était ça le message.

Jean Peyrelevade : On a vraiment eu peur. On a senti que la banque commençait à trembler. Vous parlez de faillite à des gens qui ont leur argent dans une banque, il faut qu'ils vous aiment beaucoup pour rester. Et nos clients sont restés.

– Il n'y a pas eu de course aux guichets ?

– Il n'y a pas eu de course aux guichets. Si vous voulez, il y a eu suffisamment de départs, marginaux en volume ou en nombre, mais suffisamment de départs visibles pour qu'on se dise qu'on n'était plus très loin du drame.

Karel Van Miert : A ce moment-là, les choses ont commencé à bouger rapidement. Je me rappelle, c'était le jeudi avant le fameux Conseil européen qui s'est occupé de la Banque centrale, j'ai reçu un coup de fil de Dominique Strauss-Kahn qui m'a dit : « Bon, maintenant on n'a plus de temps, on n'a plus que le week-end pour en sortir. Est-ce qu'on peut se voir ? »

Dominique Strauss-Kahn : C'était un peu rude parce que ce week-end du 2 mai 1998 était aussi le week-end du passage à l'euro. Il y avait un sommet européen, tout un débat entre Duissemberg et Trichet pour la Banque centrale européenne. Dans les grandes salles de Bruxelles, il y avait ce débat avec les chefs d'Etat et de gouvernement, Jacques Chirac et Lionel Jospin. En plus, Lionel Jospin a quitté le débat vers 19 heures parce qu'il partait pour la Nouvelle-Calédonie. Donc, c'est moi qui l'ai remplacé dans la négociation auprès de Jacques Chirac, avec les autres chefs d'Etat européens. Dans le même temps démarrait, dans un immeuble à côté, la négociation avec Karel Van Miert. Elle s'est surtout tenue le dimanche et le dimanche soir. Il y avait un bureau où nous étions,

Karel Van Miert et moi, et, dans un bureau plus loin, il y avait une équipe du Crédit Lyonnais. Van Miert savait qu'elle était là, mais qu'il n'était pas sensé la rencontrer. Moi, j'avais besoin de savoir ce qui était possible ou pas. Dans une autre pièce, j'avais mes collaborateurs. On discutait pendant une heure, une heure et demie, on se quittait sur un désaccord parfois un peu vif. Van Miert repartait dans son bureau ou chez lui, parfois, parce qu'il n'habitait pas loin, voir ses propres collaborateurs. Une demi-heure après, on se rappelait. Il revenait. Ça a duré jusque tard dans la nuit. La négociation, c'est Van Miert et moi autour de la table, à deux. Il n'y a d'ailleurs que comme ça qu'on peut négocier, pas autrement. Jean Peyrelevade, Pascal Lamy et ses principaux collaborateurs du Lyonnais étaient dans la pièce d'à côté.

Réduite d'un tiers, la Banque a aussi dû se séparer du quart de ses effectifs : 8 500 emplois supprimés en quatre ans. C'est désormais une autre banque, plus petite, mais performante et enfin prête à être privatisée. La fin impatiemment attendue d'une longue série noire.

Jean PEYRELEVADE : Aujourd'hui, compte tenu de ce par quoi on est passé, j'aurais presque tendance à dire : « Il faut se méfier de ce type de déclaration », mais si vous voulez on commence à avoir presque un sentiment d'invulnérabilité. On revient d'une opération extraordinairement risquée, traumatisante. On a subi un quintuple pontage, on a été sous demi-anesthésie pendant des mois et des mois. On est toujours là, on est bien vivant et on est en forme. Nous avons complètement reconstruit notre politique commerciale, notre problématique commerciale, nos relations avec les clients. Et nous avons reconstruit à peu près tous nos processus de production de façon à améliorer leurs efficacités. Donc la banque est légèrement resserrée en termes géographiques en France, nous avons fermé quelques dizaines de points de vente, pas plus, mais je crois qu'elle est beaucoup plus efficace et je pense que nous en aurons la preuve dans les mois et les années à venir. A l'étranger, nous restons une banque de grandes entreprises internationales, nous conservons nos points forts aux Etats-Unis et notamment à New York où nous avons une exploitation tout à fait superbe. Nous conservons nos points de force en Asie qui sont intacts. Nous sommes le premier ou le second banquier d'investissement en Asie, tous pays confondus, devant les banquiers américains. Et l'Asie redémarrera un jour ou l'autre, donc nous aurons les profits de ce redémarrage. Et nous gardons dans tout ce qui est l'Europe centrale – on parle beaucoup des malheurs de la Russie, aujourd'hui et à juste titre, mais le reste de l'Europe centrale continue à se porter convenablement –, nous gardons un dispositif fort en Europe centrale.

L'étape suivante, c'est être une grande banque vis-à-vis des particuliers dans l'ensemble de la zone euro. De mon point de vue, cela passera nécessairement, quels que soient les banquiers concernés, par des alliances internationales. Je ne crois pas qu'il y ait un banquier quelconque en Europe aujourd'hui, quelle que soit sa taille, qui ait la capacité de construire par lui-même un réseau européen de banques de détail. Et donc je pense que, dans les années à venir, nous aurons nécessairement des opérations d'alliances internationales pour proposer aux particuliers des systèmes bancaires, des clubs si je puis dire, des clubs de banques liées entre elles, qui donneront un service homogène sur la totalité de la zone euro. Ce n'est plus la même banque. Les chiffres ne sont plus du tout les mêmes et, avec 11 milliards de revenus bruts d'exploitation par an, nous avons la capacité maintenant de faire face, par nos propres moyens, aux événements adverses qui peuvent se produire.

– La série noire est finie.

– Ah ! Je ne veux même plus entendre parler de série noire.

Chronologie

1863 : Création du Crédit Lyonnais par Henri Germain.

1945 : Nationalisation du Crédit Lyonnais.

1967 : Nomination de François Bloch-Lainé, patron de la Caisse des dépôts, à la tête d'un Lyonnais secoué par des dissensions d'état-major.

Printemps 1974 : Une grande grève est à l'origine du premier déficit du Crédit Lyonnais depuis sa création. François Bloch-Lainé est révoqué par Valéry Giscard d'Estaing, qui veut donner un avertissement aux banques nationalisées coupables de débordements de crédits.

1974 : La nomination à la présidence de Jacques Chaine, « une main de fer dans un gant de velours », permet une mise au pas des « barons ».

1976 : Après l'assassinat, par un illuminé, de Jacques Chaine, Claude-Pierre Brossolette, grand commis de l'Etat sans expérience de la banque commerciale, achève de ramener la sérénité au Crédit Lyonnais.

Décembre 1980 : Après deux ans de laborieuses négociations, achat, pour un milliard de francs, de la banque Slavenburg. Engagée sous la présidence de Claude-Pierre Brossolette, l'acquisition de la banque néerlandaise a l'assentiment du directeur chargé de l'international de l'époque, Jean Deflassieux.

Février 1982 : Jean Deflassieux est nommé à la présidence du Lyonnais. Proche de Pierre Mauroy, il faisait partie des experts économiques du PS. Il bénéficie d'une réelle légitimité interne, avec trente-trois ans de maison. L'objectif est de faire grossir le Crédit Lyonnais pour rattraper la BNP, qui lui a ravi la première place. Deflassieux lance une offensive pour gagner de nouveaux clients, comme François Pinault, Bernard Arnault, mais aussi Jean-Luc Lagardère.

Mars 1982 : Les coffres de la Slavenburg sont cambriolés. Par terre gisent des billets de banque... et des sachets de drogue. La banque gagne le titre usurpé de « banque de la mafia ».

1983 : Jean-Maxime Lévêque, un des financiers historiques du RPR, fonde sa propre banque, la société holding IBI dont le siège est au Luxembourg. (En 1987, IBI participera au montage financier de la fourniture de 150 000 obus de 155 mm à l'Iran *via* une société au Portugal. Ce sera le début d'une série d'opérations de vente d'armes à l'Iran dans lesquelles est impliquée la firme française Luchaire, en violation des conventions internationales.)

Début 1983 : Jean Deflassieux envoie aux Pays-Bas l'un de ses cadres, Georges Vigon, pour redresser la filiale, tailler dans le vif des actifs, consolider ce qui peut l'être. La Slavenburg est rebaptisée Crédit Lyonnais Bank Nederland (CLBN). Vigon apprend le néerlandais, mobilise les équipes en faisant jouer la promotion interne et reçoit l'une des plus hautes distinctions des Pays-Bas pour services rendus.

1983-1986 : Le CLBN part à l'assaut d'Hollywood. En arrivant à Amsterdam, Georges Vigon a découvert dans les cartons de la Slavenburg un certain nombre de crédits accordés à des productions cinématographiques à succès. Un film surtout *(Superman)* a rapporté assez d'argent pour pousser Vigon à développer ce secteur.

Juillet 1986 : Après l'échec des socialistes lors des élections législatives, Jean Deflassieux est écarté de la présidence du Lyonnais. Edouard Balladur, Premier ministre, nomme à la présidence du Lyonnais Jean-Maxime Lévêque, qui avait dû quitter le Crédit commercial de France au début de 1982 après une âpre campagne contre le gouvernement socialiste.

9 mai 1987 : Durant le festival de Cannes, Yoram Globus, un des responsables de la société Cannon, au bord de la faillite, client du CLBN, présente Franz Afman, responsable cinéma du CLBN, à un éventuel repreneur : Giancarlo Parretti.

10 mai 1987 : Parretti rencontre Vigon. Trop pressés de se débarrasser de Cannon, les patrons du Lyonnais ne se posent pas de questions. « C'était magnifique ! », déclarera plus tard à la commission d'enquête parlementaire Bernard Thiolon, directeur général du Lyonnais.

27 juillet 1987 : La direction des études financières du Crédit Lyonnais communique une fiche de renseignements précise et très négative sur Giancarlo Parretti, énumérant ses condamnations et séjours en prison. Il n'en est tenu aucun compte. Le Lyonnais prête 300 millions de dollars (1,5 milliard de francs) à Parretti pour l'aider à racheter Cannon. La banque française avait déjà prêté quelque 50 millions de dollars à Cannon. Dans la foulée, le CLBN accueille un nouveau client, la Sasea, une petite société suisse cotée à la Bourse de Genève, dissimulant une cascade de filiales. Sasea est contrôlée depuis 1985 par Florio Fiorini, qui est en réalité le principal associé de Parretti.

19 octobre 1987 : Krach boursier. Parretti ne peut plus financer l'achat de Cannon comme prévu par une augmentation du capital de Renta, une société immobilière contrôlée par la Sasea. Forcé de soutenir Parretti, le Crédit Lyonnais lui octroie un crédit de plus de 100 millions de dollars.

Décembre 1987 : Georges Vigon est promu directeur Europe du Lyonnais, sa hiérarchie le récompense en lui confiant aussi l'activité cinéma du CLBN.

1er janvier 1988 : Le Crédit Lyonnais de Rotterdam a un nouveau patron, Jean-Jacques Brutschi, mais le protecteur de Parretti, Georges Vigon, continue de suivre son poulain depuis le siège du boulevard des Italiens, où il est maintenant responsable du secteur Europe, qui inclut naturellement les Pays-Bas. La ligne de *credit revolving* accordé par le CLBN à Cannon Group Inc. (USA) passe en 1989 de 35 à 100 millions de dollars. Parretti obtient du CLBN une caution de 250 millions de dollars (1,1 milliard de francs) pour réaliser une offre publique d'achat sur les actions de la société Pathé, mises en vente par la banque Stern. L'opération est francisée et doit s'effectuer par le biais de la société MTI (Max Théret Investissement). La Banque centrale des Pays-Bas tire à plusieurs reprises la sonnette d'alarme, car les créances sur le tandem Parretti-Fiorini (plus de 600 millions de dollars) dépassent de loin la cote d'alerte.

11 septembre 1988 : Les élections législatives ramènent la gauche au pouvoir, entraînant une nouvelle valse des présidents d'entreprises publiques. Jean-Yves Haberer, âgé de cinquante-cinq ans, président du groupe Paribas de février 1982 à juillet 1986, est nommé président du conseil d'administration du Crédit Lyonnais en remplacement de Jean-Maxime Lévêque.

16 décembre 1988 : MTI (Max Théret Investissement) rachète au groupe Rivaud le contrôle (53 %) de Pathé-Cinéma. Des rumeurs commencent à circuler sur l'origine des fonds de Parretti. Le Trésor français, qui craint que la production cinématographique ne serve à blanchir des capitaux d'origine douteuse, invoque la réglementation sur les investissements étrangers et bloque la transaction.

Début 1989 : A la demande de la justice italienne, une enquête sur les ventes d'armes sous embargo par la France à l'Iran fait apparaître des circuits financiers transitant par IBI Luxembourg. IBI est — fait rarissime au Luxembourg — l'objet d'une perquisition. Saisissant le prétexte d'une activité majoritairement réalisée en France, le contrôle bancaire luxembourgeois (IML) chasse la banque du grand duché. IBI devient française et prend le nom de sa filiale française International Bankers SA (IB.SA).

7 juin 1989 : Interdiction par le Trésor français de la vente de Pathé pour infractions à la législation sur les investissements étrangers. Le ministre de l'Economie, Pierre Bérégovoy, est intervenu personnellement.

Fin 1989 : Parretti sollicite le CLBN pour financer une deuxième OPA sur une des plus grosses sociétés de production de films du monde, la Metro Goldwyn Mayer (MGM). Refus du Lyonnais. Le président Haberer donne, verbalement, la consigne : « Faites maigrir l'encours sur Parretti », qui, pense-t-il, est de 1,1 milliard de dollars. En fait, l'encours sur le tandem Parretti-Fiorini atteint déjà presque le double, soit 10 milliards de francs.

7 mars 1990 : Parretti lance son OPA sur la MGM. Il a passé un accord avec le propriétaire Kirk Kerkorian. L'affaire doit coûter 1,2 milliard de dollars et doit être bouclée en trois mois pendant lesquels il doit payer 350 millions de dollars à Kerkorian comme promesse d'achat. Parretti compte financer l'OPA en prévendant le catalogue de films. Il s'assure l'appui du secrétaire du parti socialiste italien, le président du Conseil Bettino Craxi, qui publie dans l'organe du PSI un éditorial favorable à Parretti et Fiorini en échange de 800 millions de lires.

9 mars 1990 : Parretti effectue le premier des versements mensuels de 50 millions de dollars à Kerkorian.

30 mars 1990 : Parretti est condamné à trois ans et dix mois de prison et à la privation de ses droits civiques dans le cadre de la liquidation du journal *Diario* de Naples. Parretti fait appel.

7 avril 1990 : Parretti signe un accord avec le puissant groupe américain Time-Warner pour le rachat du catalogue de la MGM. Steve Ross, PDG de Time-Warner, prête à Pathé 650 millions de dollars.

30 mai 1990 : La banque Rivaud informe la Société des bourses françaises « de la signature le 28 mai 1990 d'une promesse de vente à la société Pathé France Holding des actions de Pathé-Cinéma détenues par quatre sociétés du groupe Rivaud ». Rivaud revend donc 51 % des actions de Pathé à Parretti. Reste à obtenir une autorisation du ministère des Finances, car il s'agit toujours d'un investissement étranger. La dernière phase de la bataille pour le contrôle de Pathé s'engage. En face de Parretti, des parlementaires menés par le député UDF François d'Aubert, qui a pris connaissance de la condamnation de l'homme d'affaires italien à Naples, et le cabinet du Premier ministre Michel Rocard.

15 juin 1990 : Pierre Bérégovoy contre la tentative de prise de contrôle de Pathé France en estimant que « l'opération envisagée est de nature à mettre en cause l'ordre public » (art. 56 du traité de Rome).

18 juin-29 juin 1990 : Rupture entre Time-Warner et Parretti. Time-Warner attaque Parretti devant les tribunaux pour non-respect du contrat et demande 100 millions de dollars de dommages et intérêts. Motif : insuffisance des fonds propres apportés par Parretti dans le montage. Kerkorian accorde à Parretti un délai de paiement contre 100 millions de dollars supplémentaires.

7 juillet 1990 : Rome : à la veille de la finale de la Coupe d'Europe de football, Bernard Tapie annonce la prise de contrôle de 80 % du capital de la société allemande Adidas, propriété des sœurs Dassler. Prix d'acquisition : 1,6 milliard de francs.

17 juillet 1990 : Tapie emprunte les 1,6 milliard de francs auprès d'un pool bancaire monté par la Société de banque occidentale (SDBO) et regroupant sept autres banques pour financer son acquisition. La facture représente 54 fois les bénéfices 1989 déclarés par Bernard Tapie Finance (BTF). Remboursement de l'emprunt en deux échéances, l'une de 600 millions le 31 août 1991 et l'autre de 1 milliard le 31 août 1992, les intérêts de 12 % l'an étant payés semestriellement dans l'intervalle des deux ans.

1er août 1990 : Le groupe Chargeurs rachète Pathé France. Parretti récupère au passage 500 millions de francs. Dans les jours qui suivent, le groupe Bolloré verse 1,4 milliard à Parretti en échange des 47 % de la Socfin (groupe Rivaud) détenus par Parretti.

Août 1990 : IB.SA doit se trouver un parrain bancaire en France, la Banque de France exige un actionnaire de référence et impose ce rôle au Crédit Lyonnais qui acquiert donc une minorité de 25 % par un échange de participations entre les deux groupes. IB.SA prend des actions d'Interfimo et du Crédito Bergamasco, deux filiales du Crédit Lyonnais.

Octobre 1990 : Tapie annonce la vente de tous les actifs de BTF pour rembourser son prêt. Gilberte Beaux rejoint l'homme d'affaires. René Jaeggi est nommé président du directoire d'Adidas.

30 octobre 1990 : A 17 heures, le jour de clôture de l'OPA sur la MGM, Giancarlo Parretti téléphone à Georges Vigon pour lui demander plus de 150 millions de dollars. Piégé, Vigon ne dispose que de quelques heures pour trancher : ou il paie, ou il refuse et perd toute la mise. Il débloque les fonds.

15 novembre 1990 : Jean-Yves Haberer acquiert Altus à Thomson par échange d'actions. La banque publique engrange d'un coup 13 milliards de fonds propres sans débourser un centime.

Décembre 1990-mars 1991 : Le CLBN avance 97 millions de dollars pour maintenir la MGM à flot.

Mars 1991 : Le Crédit Lyonnais décide, enfin, d'ouvrir une enquête sur les conditions d'acquisition de la MGM. Une petite équipe, animée par le directeur général adjoint chargé de l'international, Alexis Wolkenstein, et dont font alors partie François Gille et Vigon, passe en revue le dossier MGM.

29 mars 1991 : Un groupe de créanciers de la MGM, avec à leur tête le producteur Roger Corman, dépose une requête devant le tribunal des faillites de Los Angeles pour contraindre la MGM à se placer en situation de liquidation involontaire, dans le cadre du chapitre 7 du code des faillites et fait état de 10 millions de dollars d'impayés.

4 avril 1991 : François Gille et Alexis Wolkenstein reprennent l'avion pour Los Angeles. L'avocat des créanciers leur propose un plan pour éviter la liquidation de la MGM à condition que le CLBN s'engage à couvrir les déficits de trésorerie de la compagnie. Le Crédit Lyonnais s'engage dans une dure bataille juridique contre Parretti.

8 mai 1991 : Pour récupérer une partie de ses prêts le Crédit Lyonnais oblige Parretti à céder au moins 40 % de la MGM.

28 mai 1991 : Parretti contre-attaque et accuse le Lyonnais de « sabotage ». Il réclame 1 milliard de dollars de dommages et intérêts et sa réintégration dans ses droits sur une entreprise dont il demeure l'actionnaire principal.

11 juin 1991 : Sasea annonce une perte de 320 millions de francs suisses et une dette de plus de 1 milliard. Fiorini demande devant le tribunal de Genève un concordat. Appelé à la rescousse, le Lyonnais consent une rallonge de 180 millions de francs.

20 juin 1991 : Le Crédit Lyonnais et la MGM déposent une plainte contre Parretti devant la Chancery Court de l'Etat de Delaware où est immatriculée la MGM. Les plaignants exigent maintenant que Parretti quitte le conseil d'administration de MGM-Pathé Communications.

7 août 1991 : Pour sortir de ses difficultés financières, Sasea vend sa participation dans Tamoil SA, quatrième groupe pétrolier suisse, à son partenaire libyen. Elle cherche aussi à se défaire de sa participation dans la MGM.

3 septembre 1991 : Licenciement pour faute professionnelle de Thierry Bell, cadre supérieur d'IB Luxembourg, pour « détournement de fonds ». Bell se rebiffe et porte plainte contre IB.SA pour chantage et extorsion de fonds. Thierry Bell avait pour mission la création et la gestion de comptes *offshore* pour remettre du cash aux grands clients de la banque. Le groupe Dumez, par exemple, détenait des comptes *offshore* sur lesquels transitait une bonne partie de sa trésorerie.

30 octobre 1991 : Le Lyonnais signe avec treize banques un *intercreditor agreement* afin de sauver la Sasea et reculer de deux ans le paiement d'une partie des créances (139 millions de dollars).

Novembre 1991 : La Cour des comptes commence des vérifications sur le groupe Crédit Lyonnais portant sur le financement des professionnels de l'immobilier par la banque, les opérations immobilières de la SDBO, celles des filiales Francim, Soflim, Slipar et d'Altus Finance.

Au cours de l'année 1992, elle continuera ses vérifications sur l'évolution des fonds propres du groupe et les opérations sur crédits d'impôts fictifs de la BIGT et de la SDBO.

Fin 1991 : Sasea annonce un plan d'assainissement grâce à un dépôt non rémunéré de 700 millions de francs suisses consenti par le groupe luxembourgeois Transmarine Holding SA, contrôlé par Fiorini précisément.

Décembre 1991 : Le bilan d'IB.SA s'annonce catastrophique. La banque croule sous les engagements immobiliers irrécouvrables, qui ont explosé de 120 % entre 1989 et 1990. Un « miracle » se produit sous la forme d'une plus-value de 116 millions enregistrée en 1991. La moitié est tirée de deux opérations montées de toutes pièces. La première consiste à faire semblant de vendre à des comparses 11,6 % de la participation d'IB.SA dans la SNC du Havre. Montant de la cession : 60 millions, prêtés par IB.SA, qui accorde en outre une promesse de rachat à deux promoteurs. La seconde consiste à se faire payer, pour 20 millions, une de ces fameuses avances sur bénéfices futurs dans une opération parisienne située au 62, rue Pierre-Charron, dans le VIIIe arrondissement de Paris. Enfin, la banque recourt au grand classique du sous-provisionnement de ces encours douteux. Pour 1991, sur 7 milliards de prêts immobiliers, elle passe 40 millions de provisions, et pour 1992 elle envisage d'en passer seulement 50 de plus.

Décembre 1991 : Altus acquiert pour 2,9 milliards de dollars un portefeuille d'obligations à haut rendement *(junk bonds)* d'une valeur nominale de 6 milliards de dollars.

27 décembre 1991 : Arrestation de Parretti à l'aéroport Ciampino alors qu'il s'apprête à rejoindre en jet privé la Tunisie. L'arrestation est l'œuvre de la police des finances de la ville sicilienne de Syracuse, où le financier est accusé de fraude fiscale et d'association de malfaiteurs. Il est libéré 14 jours plus tard.

31 décembre 1991 : Sur décision du tribunal de Wilmington (Delaware, Etats-Unis), Giancarlo Parretti est privé de tout pouvoir sur la Metro Goldwyn Mayer. Dans un mémorandum de 89 pages, le juge, M. William Allen, s'affirme stupéfait par les mensonges et les trucages de Parretti et confirme le contrôle du Crédit Lyonnais sur la société de production et de distribution hollywoodienne.

Mars 1992 : IB.SA est au bord de la faillite. Le Crédit Lyonnais, actionnaire de référence, est tenu d'en prendre le contrôle total *via* la création de la banque Colbert.

2 avril 1992 : Edith Cresson remet sa démission et Pierre Bérégovoy est nommé Premier ministre. Bernard Tapie est nommé ministre de la Ville.

18 avril 1992 : Le Crédit Lyonnais annonce son intention de vendre ses actions MGM.

24 juin 1992 : Jean-Yves Haberer est reconduit à la tête du Lyonnais lors du conseil des ministres. « Nous garderons les meilleurs », avait prévenu Pierre Bérégovoy.

29 juin 1992 : En proie à d'inextricables difficultés de trésorerie, Sasea dépose une demande de sursis concordataire devant le tribunal de première instance de Genève.

21 juillet 1992 : Giancarlo Parretti est inculpé d'usage de faux et faux témoignage par un tribunal du Delaware.

Eté 1992 : Les familles suisses Nordmann et Maus, propriétaires des magasins Au Printemps depuis vingt ans, cèdent leur participation au groupe qu'anime François Pinault. L'opération n'a pu se réaliser que grâce au soutien du Crédit Lyonnais, présent à tous les maillons de la chaîne.

31 août 1992 : Important remaniement de l'état-major du Lyonnais. Jusqu'à présent directeur général adjoint chargé de la direction centrale des agences de France, Michel Renault prend la responsabilité de toutes les structures chargées de la banque commerciale. L'autre directeur général, Bernard Thiolon, a autorité sur la « banque d'investissement » et toutes les fonctions centrales.

Aux côtés de Michel Renault, Alexis Wolkenstein, directeur général adjoint, est nommé directeur général du Crédit Lyonnais Europe.

12 septembre 1992 : A la suite d'une augmentation de capital, le Crédit Lyonnais apporte un milliard de francs à François Pinault. La banque (*via* Clinvest) devient actionnaire pour 25 % du holding de tête du groupe la Financière Pinault. Elle était déjà présente dans le tour de table du groupe pour 7,5 % mais au niveau de Pinault S.A., détenue à 49,5 % par la Financière Pinault et à 5,5 % par les Assurances générales de France. La famille Pinault conserve 51 % du groupe, soit directement, soit par l'intermédiaire de la Financière Pinault.

19 octobre 1992 : Le Crédit Lyonnais et la Banque populaire de Novarra jettent l'éponge, considérant qu'il est impossible de mettre sur pied un concordat entre la Sasea et ses créanciers.

30 octobre 1992 : La faillite de la société suisse Sasea Holding, propriété du financier italien, Florio Fiorini, est prononcée, laissant un passif supérieur à 1,5 milliard de francs suisses (5,7 milliards de francs français).

10 décembre 1992 : Signature d'un « mémorandum » entre le Crédit Lyonnais et Bernard Tapie pour tenter d'obtenir le remboursement des dettes du ministre. Il ne sera jamais appliqué. La crise reste ouverte et le Crédit Lyonnais comme sa filiale, la SDBO, se demandent comment ils vont se sortir de l'impasse.

11 décembre 1992 : Artémis, le nouvel holding intermédiaire de contrôle du groupe Pinault, achète la moitié du portefeuille de *junk bonds* d'Altus, la filiale du Crédit Lyonnais. L'opération portera sur 7 à 8 milliards de francs de *junk bonds* — acquis avec une importante décote de l'ordre de 40 % — qu'Altus ne peut pas gérer directement en raison de la loi américaine.

Décembre 1992 : François Gille devient directeur général du Crédit Lyonnais en remplacement de Bernard Thiolon nommé à la présidence de la banque Colbert, nouvelle filiale du Crédit Lyonnais. Michel Renault partage avec Gille cette direction générale.

24 décembre 1992 : Le Crédit Lyonnais prend une participation majoritaire dans la banque allemande BfG au terme d'un accord signé à Francfort avec l'assureur allemand Aachener und Muenchener AG (AMB). La valeur totale de la BfG est estimée à environ 2,1 milliards de deutsche marks (7,1 milliards de francs).

30 décembre 1992 : Michel Pelège, l'un des promoteurs les plus connus de la place, cède sous la pression de ses banquiers (et en particulier du Crédit Lyonnais) les rênes de la SMCI, la plus ancienne société de promotion immobilière de France (elle date de 1938). Il est remplacé à ce poste par Henri Caro (cinquante-cinq ans), président-directeur général de Kaufman and Broad Development depuis 1987. Pelège était déjà sous la tutelle du Crédit Lyonnais depuis des mois.

Début 1993 : Bernard Tapie cherche un acquéreur à Adidas afin d'engranger une plus-value qui lui permettra de redonner à son groupe, en situation financière critique, un délai supplémentaire. Dans un premier temps Robert-Louis Dreyfus, dont la réputation de gestionnaire n'est plus à faire, refuse, avant d'accepter.

15 février 1993 : La vente de la participation de Bernard Tapie dans Adidas est annoncée à l'issue du conseil de surveillance de la firme allemande. A eux trois, le Crédit Lyonnais, les AGF et, dans une bien moindre mesure, la Banque Worms (UAP), groupes publics déjà actionnaires d'Adidas, devraient récupérer la plus grande partie du capital de la firme d'articles de sports, aux côtés de Gilberte Beaux et de Robert-Louis Dreyfus, le patron de l'agence britannique de publicité Saatchi et Saatchi, qui deviendrait le nouveau manager de la firme allemande.

Dreyfus bénéficie de conditions extrêmement favorables. Il acquiert en effet 15 % du capital d'Adidas à l'aide d'un prêt intégralement financé par le Crédit Lyonnais au taux d'intérêt record de 0,5 % l'an. Il peut acheter le reste du capital d'Adidas à la fin de l'année 1994 — il pourra ainsi réaliser une plus-value si l'affaire est redressée — ou ne pas rembourser à l'échéance le prêt souscrit auprès du Lyonnais. Dans les deux cas de figure, il ne court donc aucun risque financier. Le Crédit Lyonnais double sa participation au sein du capital d'Adidas et consent des prêts à 0,5 % à d'autres actionnaires dont certains sont représentés par deux sociétés exotiques, l'une domiciliée aux îles Caïmans, Omega Ventures, et l'autre aux îles Vierges, la société Coatbridge Holdings Ltd. A elles deux, ces sociétés représentent 35 % du capital d'Adidas.

4 mai 1993 : Le Crédit Lyonnais porte plainte contre Florio Fiorini. Le juge d'instruction genevois Jean-Louis Crochet inculpe par ailleurs de banqueroute les deux anciens présidents du conseil d'administration, Eric Baudat et Rodolphe Rossi, le mari de Madeleine Rossi, maire de Genève. Il leur reproche de ne pas avoir déposé le bilan de la Sasea dès juin 1991. Ces derniers contestent l'inculpation et considèrent, par l'intermédiaire de leurs avocats, que le responsable de la débâcle est le Crédit Lyonnais, « administrateur de fait » du holding. La justice genevoise suspend le statut de partie civile de la banque française. Elle n'est plus considérée comme victime de la faillite de la Sasea, qu'elle a pourtant très largement financée (pour plus de 400 millions de francs suisses).

26 mai 1993 : Le projet de loi de privatisation est adopté en conseil des ministres. Parmi les sociétés privatisables : le Crédit Lyonnais.

1er juillet 1993 : Le juge Jean-Louis Crochet fait irruption au siège du Crédit Lyonnais, boulevard des Italiens, à Paris. Ordonnée dans le cadre d'une instruction judiciaire, la commission rogatoire a pour but de prouver que le Lyonnais était administrateur de fait depuis 1991 de la Sasea.

Eté 1993 : Une mission de la Commission bancaire sur le Crédit Lyonnais provoque l'émoi du gouverneur de la Banque de France. Les conclusions sont alarmantes : insuffisance de fonds propres, rentabilité faible, et investissements hasardeux. Conformément à la loi bancaire, Jacques de Larosière réclame une recapitalisation au ministre de l'Economie. Edmond Alphandéry convoque le président du Lyonnais pour lui signifier qu'il ne sera pas renouvelé.

17 septembre 1993 : Dans deux jugements rendus à propos des sociétés Testut et Trayvou, la chambre commerciale du tribunal de Béthune met sévèrement en cause les méthodes de gestion et de financement pratiquées au sein du groupe Bernard Tapie Finance. Ce jugement critique aussi le « soutien sans faille » assuré au groupe BTF par la SDBO, filiale du Crédit Lyonnais, qui s'est élevé jusqu'à 84 millions de francs « sous forme de découvert en compte, malgré des inquiétudes grandissantes dès le mois de juillet 1991 ».

8 octobre 1993 : Les magistrats de Béthune demandent la levée de l'immunité parlementaire de Bernard Tapie dans le cadre de l'affaire Testut.

10 novembre 1993 : Le conseil des ministres entérine la nomination de Jean Peyrelevade à la tête du Crédit Lyonnais en remplacement de Jean-Yves Haberer nommé à la présidence du Crédit national.

7 décembre 1993 : L'Assemblée nationale vote par 432 voix contre 72 la levée de l'immunité parlementaire de Bernard Tapie, député (République et Liberté) des Bouches-du-Rhône.

22 décembre 1993 : Bernard Tapie est mis en examen pour abus de biens sociaux au tribunal de Béthune, dans le cadre de l'enquête sur l'affaire Testut.

9 février 1994 : Le juge d'instruction de Genève Jean-Louis Crochet lance des mandats d'amener contre l'ancien président du Lyonnais, Jean-Yves Haberer, et le directeur général de la banque, François Gille, les déclarant « désormais officiellement soupçonnés de banqueroute ». Cette mesure ne peut pas déboucher sur une extradition mais conduirait à une mise en garde à vue des deux intéressés s'ils se trouvaient sur le territoire suisse. Les mandats seront révoqués par la suite.

13 mars 1994 : Signature du protocole entre Bernard Tapie et le Crédit Lyonnais censé « mettre fin à leurs relations bancaires ». Ce protocole accorde à Tapie un ultime délai éloigné — le 31 décembre 1998 — pour régler ses dettes. Le Lyonnais lui consent un prêt de 168 millions de francs au taux annuel de 6 %. Pour Tapie, l'exécution de ce protocole est liée à une obligation : conserver en l'état, à titre de garantie, le mobilier de son hôtel particulier parisien. Une clause suspensive prévoit une expertise inventoriée de la collection Tapie avec certificats à l'appui au 31 mars 1994. La non-application de cette clause entraînera la rupture de l'accord de la part du Crédit Lyonnais.

24 mars 1994 : Le Crédit Lyonnais fait état d'une perte nette de 6,9 milliards de francs pour 1993.

Mars 1994 : Plan de sauvetage du Crédit Lyonnais. L'OIG (la structure de *defeasance* du Crédit Lyonnais) récupère une partie des actifs douteux d'IB.SA. L'Etat recapitalise à hauteur de 4,9 milliards de francs et reprend pour 4,3 milliards de francs d'actifs immobiliers.

28 mars 1994 : Entretien entre Edouard Balladur, Premier ministre, et François Mitterrand, président de la République, à propos du dossier du Lyonnais. Il est question de la révocation d'Haberer du Crédit national et de l'ouverture d'une commission parlementaire d'enquête.

30 mars 1994 : Lors de leur entrevue hebdomadaire d'avant le conseil des ministres, François Mitterrand et Edouard Balladur évoquent à nouveau le dossier du Lyonnais. François Mitterrand appuie vigoureusement la demande de commission d'enquête lors du conseil des ministres. Edouard Balladur ne s'y oppose pas. Le conseil des ministres révoque Jean-Yves Haberer de la présidence du Crédit national.

Bernard Pons, président du groupe RPR à l'Assemblée nationale, dépose une proposition de résolution demandant la création d'une commission d'enquête parlementaire.

28 avril 1994 : L'Assemblée nationale décide la création d'une commission d'enquête sur le Crédit Lyonnais. Les députés donnent pour mission à la commission d'« analyser les causes des difficultés financières » du Crédit Lyonnais et de « déterminer les conditions dans lesquelles les contrôles comptables ainsi que le contrôle de l'Etat et des autorités se sont exercés » sur les activités de cette banque.

3 mai 1994 : La commission est constituée. Elle comprend douze membres (quatre RPR, quatre UDF, deux socialistes, un communiste et un République et Liberté).

5 mai 1994 : La commission se donne pour président Philippe Séguin, et François d'Aubert pour rapporteur. Par neuf voix contre trois (dont celles des deux socialistes), la commission décide d'appliquer la règle du secret des travaux en raison notamment de la nécessité de préserver le secret bancaire.

11 mai 1994 : Directeur général depuis 1992, François Gille démissionne du Crédit Lyonnais.

17 mai 1994 : Le Crédit Lyonnais exige de Bernard Tapie le remboursement d'environ 600 millions de francs (450 sous huitaine, le solde à la fin du mois de juin).

Nuit du 19 au 20 mai 1994 : Pour échapper à la saisie conservatoire demandée par le Crédit Lyonnais, Bernard Tapie déménage une partie de son mobilier. Au milieu de la nuit des déménageurs transportent des meubles dans un entrepôt à Gennevilliers. D'anciens policiers travaillant pour le Crédit Lyonnais les suivent.

5 juillet 1994 : Adoption par la commission présidée par Philippe Séguin du rapport sur le Crédit Lyonnais. La commission a travaillé trop vite. Alors qu'elle disposait d'un délai légal de six mois pour mener ses investigations, dix semaines lui suffisent.

12 juillet 1994 : Publication du rapport de la commission parlementaire qui critique sévèrement la gestion de Jean-Yves Haberer, président de 1988 à 1993, et reconnaît l'absence de contrôle de l'Etat actionnaire.

14 juillet 1994 : Lors de son traditionnel entretien télévisé, François Mitterrand déclare : «Il ne faut pas conclure trop vite. D'ailleurs la commission [d'enquête de l'Assemblée nationale] dit elle-même qu'il ne faut pas conclure que le

Crédit Lyonnais soit dans une situation catastrophique, qu'il a parfaitement les moyens de se remettre d'aplomb et que certaines opérations les plus critiquées pouvaient être finalement profitables [...]. Il est possible que certains fonctionnaires chargés du contrôle ne l'aient pas exercé avec une attention suffisante. C'est souvent aussi parce que c'est le même milieu. Ils se recrutent tous dans les mêmes écoles, dans les mêmes administrations. Ils se connaissent, ils se font confiance, peut-être trop confiance. [...] On a beaucoup accusé, dans certains journaux, les gouvernements, notamment celui de Pierre Bérégovoy, d'avoir autorisé le Crédit Lyonnais à procéder à des opérations qui auraient été finalement déficitaires, fâcheuses. Et la commission, composée de la majorité actuelle, constate que tel n'a pas été le cas. »

28 juillet 1994 : Le Crédit Lyonnais fait saisir les meubles de Bernard Tapie.

7 septembre 1994 : Le Crédit Lyonnais porte plainte contre X dans l'affaire de la banque IB.SA. La banque publique soupçonne de malversations les anciens dirigeants de sa filiale IB.SA lourdement engagée dans l'immobilier.

27 septembre 1994 : Le Lyonnais affiche une perte de 4,5 milliards de francs au premier semestre. Un nouvel arrangement est conclu avec l'Etat. Jean Peyrelevade croit apercevoir « une lueur au bout du tunnel ». L'Etat va prendre à sa charge, à partir de 1995, les risques liés à la gestion passée du Lyonnais que la banque, selon son président, est incapable d'assumer seule.

Octobre 1994 : Rupture du lien qui unissait Clinvest à la Financière Pinault.

21 décembre 1994 : Le Crédit Lyonnais annonce la cession de la participation de 57,34 % qu'il détient dans le groupe milanais Banca Lombarda, au Credito Agrario Bresciano

(CAB) pour un montant de 196 milliards de lires (soit environ 650 millions de francs).

Fin 1994 : L'Etat français recapitalise le Lyonnais. Karel Van Miert, socialiste flamand, chargé depuis 1993 de la Concurrence au sein de la Commission européenne de Bruxelles, apprend par la presse que Bercy et la banque préparent un nouveau plan de redressement. Objectif : alléger le bilan du Crédit Lyonnais de 40 milliards d'actifs improductifs. Il demande, par écrit, des explicitations à Edmond Alphandéry, alors ministre de l'Economie et des Finances, et menace d'ouvrir une procédure en infraction. Marc Viénot, PDG de la Société Générale, parle, quant à lui, de « subvention récurrente d'exploitation ».

Janvier 1995 : Première estimation des pertes du Crédit Lyonnais selon la Commission bancaire : 30 milliards de francs.

23 janvier 1995 : Jean-Louis Crochet accepte que le Crédit Lyonnais Bank Nederland se constitue partie civile. Le juge d'instruction reconnaît ainsi à la filiale du Crédit Lyonnais la qualité de victime.

Février 1995 : Rappelé à l'ordre, Edmond Alphandéry se rend à Bruxelles et promet qu'il jouera franc jeu et que l'aide de l'Etat au Crédit Lyonnais ne dépassera pas 50 milliards.

Mars 1995 : Le second plan de sauvetage de la banque publique prévoit la sortie du bilan, dans une structure de cantonnement, de 135 milliards de francs d'actifs destinés à être cédés.

10 mars 1995 : L'ancien PDG d'IB.SA Michel de Brem ainsi que Pierre-Alain Fadhuile et l'un de leurs associés dans l'opération de promotion immobilière du passage du Havre, Marc Berdugo, sont placés sous mandat de dépôt. Le juge Eva Joly accuse ces trois hommes de s'être entendus sur le prix d'achat d'un immeuble, situé au 107, rue Saint-Lazare, dans le cadre de l'opération de promotion immobilière SNC Le Havre.

14 mars 1995 : Edmond Alphandéry, accompagné du directeur du Trésor, Christian Noyer et de Jean Peyrelevade, président du Lyonnais, présente les grandes lignes du nouveau plan de sauvetage du Crédit Lyonnais à Karel Van Miert.

17 mars 1995 : La SDBO dépose une plainte contre son ancien directeur général, Pierre Despessailles. L'information, confiée à Eva Joly, porte sur la cession à Immopar, à un prix particulièrement élevé, d'une société dont Despessailles était propriétaire. L'acquisition par Immopar a été financée par la SDBO.

17 mars 1995 : Le nouveau plan de sauvetage de la banque publique tente de réorienter totalement l'activité du Lyonnais et de le faire renoncer, notamment, à son portefeuille de participations industrielles. En tout, 125 milliards de francs d'actifs seront sortis du bilan de la banque et transférés à une structure chargée de les vendre. Selon les grandes lignes du schéma étudié par le Trésor et les équipes de la banque, 80 milliards d'actifs sains et douteux devraient être à nouveau sortis du bilan du Crédit Lyonnais pour lui permettre, malgré des pertes de l'ordre de 10 milliards de francs, de respecter les marges de solvabilité internationales (ratio Cooke), sans recapitalisation de l'Etat. Au total, si l'on y ajoute les 42 milliards de créances douteuses sur l'immobilier qui ont déjà soulagé la banque en 1993, ce sont les pertes potentielles d'un portefeuille de 125 milliards que l'Etat va s'engager à absorber.

Lors du comité central d'entreprise, Jean Peyrelevade annonce l'aggravation du plan actuel : 3 800 suppressions de postes sur trois ans. Le plan de redressement impose à la banque de réaliser 15 % de gains de productivité en quatre ans. Alors que moins de 1 600 personnes ont quitté l'entreprise au cours des douze derniers mois, environ 2 000 devraient les imiter durant l'année. Le volontariat, qui a été la règle jusqu'à présent, ne devrait plus suffire.

Mais Bruxelles, aiguillonnée par Marc Viénot et Michel Pébereau, président de la BNP, ne se contente pas de ce montage et demande une « cure d'amaigrissement » au Crédit Lyonnais. Alphandéry promet que le Crédit Lyonnais ne gardera, à l'étranger, que ce qui est nécessaire à son activité française.

Ce même jour, la justice ouvre quatre enquêtes contre d'anciens dirigeants du Lyonnais.

21 mars 1995 : La BNP et la Société Générale (privatisées respectivement en 1987 et en 1993) s'interrogent sur « l'avantage financier réel consenti au Crédit Lyonnais » et sur « l'ampleur réelle des contributions demandées » à celui-ci. Elles soulignent que l'aide apportée au Lyonnais entre 1995 et 2014 serait comprise dans une fourchette allant de 45 à 57 milliards de francs, un montant supérieur à la capitalisation boursière de la Société Générale et de la BNP.

Avril 1995 : Pertes chiffrées du Lyonnais par le gouvernement : 50 milliards de francs.

5 avril 1995 : Jean Peyrelevade annonce les comptes annuels les plus catastrophiques de l'histoire de la banque publique : 12 milliards de francs de pertes.

10 avril 1995 : Le Crédit Lyonnais annonce le lancement d'une offre publique d'achat sur sa nouvelle filiale, la banque Colbert, qu'il détient à 82,12 %. Objectif : racheter les participations minoritaires pour acquérir toute latitude quant au sort réservé à cette structure résultant d'un amalgame d'actifs hérités de la Bafip, d'International Bankers SA et d'Altus Patrimoine Gestion. Le Crédit Lyonnais ne fait pas mystère de son intention de vendre la petite banque Colbert. Celle-ci s'est déjà délestée de ses actifs immobiliers lors du premier plan de sauvetage du Crédit Lyonnais. Dans le cadre du second plan annoncé le 17 avril, elle a rejoint le Consortium de réalisation (CDR), comme la plupart des actifs du Crédit Lyonnais. Mais ses comptes 1994, qui se sont soldés par une perte nette de 1,057 milliard de francs, ont été largement apurés : 665 millions de francs de provisions sur créances douteuses ont été passées, auxquelles s'ajoutent 143 millions de provisions pour risques divers.

12 avril 1995 : Après plusieurs mois d'interrogations sur le rôle de l'Etat français dans le renflouement du Crédit Lyonnais, la Commission européenne ouvre une enquête sur le plan de restructuration de la première banque européenne. La Commission considère que les deux plans de sauvetage successifs, élaborés par le gouvernement français en 1994 et 1995, comportent des « éléments d'aides d'Etat » qui pourraient être préjudiciables aux conditions de concurrence dans le secteur bancaire.

Printemps 1995 : L'évaluation des pertes réalisée par les nouveaux commissaires aux comptes du Crédit Lyonnais s'élève à 70 milliards de francs.

Mai 1995 : Jacques Chirac est élu président de la République et Alain Juppé nommé Premier ministre. Le nouveau ministre de l'Economie et des Finances, Alain Madelin, appelle Karl Van Miert et l'assure qu'il saura se montrer plus dur que son prédécesseur. Mais à Bruxelles on déchante vite. Admettant que le Crédit Lyonnais ne pourra pas se délester d'une partie de son réseau à bas prix, Van Miert accepte le principe d'une lettre secrète. Celle-ci devra indiquer que le Crédit Lyonnais est prêt à réduire de 50 % sa présence commerciale en Europe.

A Bruxelles, les commissaires et les juristes s'inquiètent : cette lettre aura-t-elle valeur juridique ? Quand, finalement, le dossier arrive devant la Commission, Leon Brittan demande que la lettre figure dans le texte officiel. Van Miert s'échine à amadouer les commissaires réticents, alors que Madelin n'a toujours pas signé la version définitive. La missive arrive par fax au beau milieu de la réunion et le principe du secret est accepté.

3 mai 1995 : Un mandat d'arrêt international est lancé contre Giancarlo Parretti par le juge d'instruction parisien Patrick Fiévet, dans le cadre d'une information judiciaire ouverte le 10 octobre 1991 et dont la procédure s'est accélérée depuis un mois. Cette information judiciaire concerne la gestion des filiales françaises de la MGM et notamment les studios et laboratoires de cinéma de Joinville, acquis par Giancarlo Parretti.

15 mai 1995 : Le Crédit Lyonnais porte plainte contre la Société Générale pour « concurrence déloyale et publicité trompeuse » auprès du tribunal de commerce de Paris. La Société Générale avait envoyé des lettres aux clients de la banque publique pour leur proposer ses services.

18 mai 1995 : Les pertes du Crédit Lyonnais empêchent Thomson SA de redevenir bénéficiaire. Pour 1994, Thomson SA affiche une perte nette (part du groupe) de 2,16 milliards de francs après une perte de 3 milliards en 1993 en normes comptables internationales. La société est actionnaire à hauteur de 20 % du Crédit Lyonnais et les pertes de la banque nationalisée pèsent pour 1,9 milliard de francs dans les comptes de Thomson SA.

28 juin 1995 : La cour correctionnelle de Genève condamne Florio Fiorini, pour escroquerie, fraude et banqueroute simple à six ans de prison. Il en a purgé quatre. Fiorini aura bénéficié de l'exceptionnelle clémence des juges, de l'aveu même de son avocat Me Bonnant : « La cour de Genève lui a reconnu les circonstances atténuantes du repentir sincère, ce qui est très rare pour un délit financier, avec un préjudice allégué de 2 milliards de francs suisses, dont il n'a pas remboursé un centime. » Et d'ajouter : « Ses amis genevois l'ont beaucoup soutenu, notamment en payant tous les frais de sa défense. »

28 juin 1995 : Jean Peyrelevade annonce la suppression de 2 400 postes.

26 juillet 1995 : Des contreparties importantes sont imposées par Karel Van Miert à l'octroi d'une aide évaluée à 45 milliards de francs par l'Etat français au Crédit Lyonnais. Au terme de la troisième version du plan de sauvetage, la première banque française devra céder 50 % de ses actifs bancaires en Europe et renoncer au total à 35 % de son activité commerciale hors de France. Les tractations entre Paris et la Commission se sont poursuivies jusqu'à la dernière minute, Bercy cherchant à alléger la portée des engagements souscrits. Paris a répondu aux vœux de Bruxelles en confiant à une direction autonome, présidée par Michel Rouger, président du tribunal de commerce de Paris, la gestion du Consortium de réalisation, la structure inédite chargée de la vente de 135 milliards de francs d'actifs du Lyonnais.

16 août 1995 : Le Crédit Lyonnais annonce la vente de sa filiale néerlandaise, CLBN, à la Générale de banque, filiale du groupe Suez.

Septembre 1995 : Un bénéfice de 36 millions est annoncé pour le premier semestre.

6 septembre 1995 : L'Etat limite ses risques dans le sauvetage du Lyonnais. Six mois après la présentation officielle du plan de sauvetage du Crédit Lyonnais par Edmond Alphandéry, le conseil des ministres examine le projet de loi fixant la responsabilité de l'Etat. Comme l'avait annoncé le secrétaire d'Etat aux Finances, Hervé Gaymard, le dispositif « reprend l'architecture du plan d'Alphandéry avec deux ajouts : d'une part, le plafonnement de la garantie d'Etat et, d'autre part, l'association du Parlement à la gestion et au contrôle de ce dossier ». Il s'agit en fait de deux changements majeurs. La

SPBI (Société de participation banque industrie), qui finance au terme d'un schéma complexe l'acquisition de 135 milliards de francs d'actifs de la banque publique par la société de défaisance CDR (Consortium de réalisation), change de statut.

4 octobre 1995 : Florio Fiorini est extradé de Suisse pour être interrogé à Milan.

11 octobre 1995 : La Cour des comptes rend publiques ses conclusions critiques sur les comptes du Crédit Lyonnais. Ce document met en cause à la fois la gestion, la Commission bancaire et le ministère des Finances. Dans un document de soixante-dix pages, l'institution dénonce la manière dont la banque « s'est lancée au cours de cette période, sans en avoir les moyens, dans une stratégie de croissance accélérée dans tous les domaines, tout en négligeant les usages prudentiels habituels. Elle a ainsi accumulé en peu d'années un portefeuille de mauvais risques d'une ampleur très supérieure à la moyenne. Dans le même temps, le Crédit Lyonnais a puisé de plus en plus largement dans les réserves accumulées antérieurement à 1988, de sorte qu'il ne disposait plus, lorsque les mauvais risques se sont concrétisés, des ressources qui lui auraient été indispensables pour y faire face ». Jean-Claude Trichet, gouverneur de la Banque de France et, à ce titre, président de la Commission bancaire, rappelle, pour défendre l'action de cette dernière, le rôle des commissaires aux comptes, banalise le cas du Crédit Lyonnais et met en cause l'analyse de la Cour, l'accusant de malhonnêteté intellectuelle lorsqu'il s'agit de la constitution des provisions. Jean-Yves Haberer défend âprement son bilan et se plaint du parti pris inexplicable de la Cour. Cette dernière n'est pas sa seule cible. La stratégie de liquidation adoptée par son successeur, Jean Peyrelevade, a provoqué, selon lui, un doublement des pertes.

18 octobre 1995 : Giancarlo Parretti est arrêté par la justice américaine à la demande du juge parisien Patrick Fiévet.

31 octobre 1995 : Le Sénat adopte le projet de loi sur le redressement de la banque. La majorité a voté pour, PCF et PS se sont abstenus. Par rapport au texte déjà adopté par l'Assemblée nationale, les sénateurs ont précisé la notion de « faute de gestion » à propos de la responsabilité financière des dirigeants d'entreprises publiques.

10 novembre 1995 : Présidé par Michel Rouger, le Consortium de réalisation, qui doit liquider 135 milliards de francs d'actifs du Crédit Lyonnais, regroupe ses actifs dans cinq filiales : CDR Participation (participations minoritaires), CDR Entreprises (participations majoritaires), CDR Immobilier (première structure de cantonnement du Crédit Lyonnais, l'OIG et son patrimoine foncier). CDR Créances possédera les banques pour assurer leur liquidation ; enfin, CDR Finance détiendra les autres créances du groupe.

16 novembre 1995 : L'Assemblée nationale adopte définitivement le projet de loi sur le plan de redressement du Crédit Lyonnais et du Comptoir des entrepreneurs. Lors du débat, le ministre de l'Economie et des Finances, Jean Arthuis, indique que, désormais, les responsables d'entreprises publiques devront porter à la connaissance du Trésor, le 15 de chaque mois, un rapport précisant les indicateurs essentiels de gestion.

27 novembre 1995 : Giancarlo Parretti est mis en liberté sous contrôle judiciaire.

9 décembre 1995 : Bruxelles remet en cause les plans du Crédit Lyonnais. Le *Journal officiel des Communautés européennes* n'a toujours pas publié le texte de l'accord entre Paris et Bruxelles. « Les autorités françaises émettent des réserves sur la publication de certains éléments de la décision de la Commission, et en particulier sur l'engagement signé par Alain Madelin, alors ministre de l'Economie et des Finances », souligne-t-on à Bruxelles. Cette lettre constituait la quatrième et dernière mouture de l'engagement du gouvernement sur ce dossier. Dans ce texte publié le 7 décembre par l'AFP, Madelin assurait notamment que la réduction de la présence commerciale du Crédit Lyonnais hors de France « devra[it] atteindre 35 % en termes de bilan, ce qui représente 50 % du réseau en Europe ».

7 février 1996 : La partie financièrement saine et l'essentiel des effectifs de la Société de banque occidentale réintègrent le giron du Crédit Lyonnais. C'est l'objet du protocole qu'a signé la banque publique avec le Consortium de réalisation. Lors du schéma de cantonnement, pivot du plan de sauvetage du Crédit Lyonnais, le CDR avait repris la totalité des activités de la SDBO. Le retour, boulevard des Italiens, des activités de gestion et de la clientèle d'administrateurs judiciaires de son ancienne filiale représente un total de bilan de 7 milliards de francs et de 220 personnes sur 245.

13 mars 1996 : Le Consortium de réalisation reçoit le feu vert de l'Etat pour vendre la MGM. Les studios hollywoodiens sont évalués entre 7 et 8 milliards de francs.

Printemps 1996 : Calcul prévisionnel des pertes par le CDR transmis au gouvernement : 90 milliards de francs au minimum, auxquels s'ajoutent les coûts de portage de l'EPFR (Etablissement public de financement et de restructuration qui finance le CDR), soit en tout 120 milliards de francs.

23 mars 1996 : Le Crédit Lyonnais affiche un résultat positif pour la première fois depuis 1991.

L'ensemble de l'année 1995 débouche sur un résultat net de 13 millions de francs. Le président du Lyonnais estime à quelque 500 millions de francs la charge financière due au prêt bonifié consenti à la structure de cantonnement, et à 3 milliards de francs pour l'ensemble de l'année.

5 avril 1996 : L'Etat ne peut éviter de revenir au secours du Crédit Lyonnais. En dépit des deux plans de sauvetage conçus en 1994 et 1995, dont le second a été voté par le Parlement et entériné *in extremis* par la Commission de Bruxelles, la banque publique n'arrive pas à se redresser. Le retour à l'équilibre en 1995 (13 milllions de francs de bénéfices), afin d'exorciser les 21 milliards de pertes accumulées entre 1992 et 1994, de rassurer les clients et de redonner le moral au personnel, ne fait pas illusion aux yeux des spécialistes. Le climat social se dégrade rapidement.

17 avril 1996 : Le gouvernement français nomme Francis Lorentz, ancien PDG de Bull et de la RATP, à la tête des organes de contrôle du Consortium de réalisation.

5 mai 1996 : Incendie du siège central du Crédit Lyonnais, boulevard des Italiens à Paris.

31 mai 1996 : Un juge fédéral de Los Angeles ordonne l'extradition vers la France de Giancarlo Parretti.

2 juillet 1996 : Ecarté du gouvernement, Alain Madelin est remplacé par Jean Arthuis. Le nouveau ministre de l'Economie affirme que « les pertes des structures de cantonnement du Lyonnais restent à financer. C'est le contribuable qui paiera ». A la création du CDR un an plus tôt, Edmond Alphandéry, ministre de l'Economie, assurait que « ce plan ne coûtera[it] pas un sou de plus au contribuable ».

18 juillet 1996 : Kirk Kerkorian rachète les studios MGM au CDR pour la somme de 1,3 milliard de dollars (près de 6 milliards de francs). L'offre est financée par Tracinda Corp, la société de Kirk Kerkorian, et par Seven Network, un groupe de télévision australien. Seven Network apporte 300 millions de dollars (1,5 milliard de francs) et aura le même nombre de sièges que Kirk Kerkorian au conseil d'administration, qui investirait 700 millions de dollars.

9 août 1996 : Le ministre de l'Economie et des Finances confie au *Monde* qu'il vient de « saisir le garde des Sceaux pour qu'il engage des poursuites » contre les anciens dirigeants du Crédit Lyonnais « pour défaut de contrôle de ses filiales ». 42 actions judiciaires ont déjà été engagées, dont 15 à l'étranger et 27 en France, contre des clients du Lyonnais mais elles ne portent que sur la gestion des filiales de la banque, et pas sur celle de la maison mère. Certains dirigeants, déplore Arthuis, peuvent « dissimuler des turpitudes dans des filiales et se déclarer vertueux au niveau de leur maison mère », alors que peuvent peser sur eux le soupçon de faux bilan consolidé. « J'ai le sentiment qu'on n'a pas voulu dire la vérité », dit encore Arthuis qui a pris sa décision après que la Cour des comptes lui eut communiqué, fin juillet, des « indications sur une filiale » du Crédit Lyonnais, Altus, dont les comptes « des années 1991, 1992 et 1993 ne donnent pas une image fidèle » de la réalité.

14 août 1996 : Le plan de sauvetage du Lyonnais de nouveau remis en cause. Selon une information parue dans *La Tribune Desfossés* du 13 août, l'Etablissement public de financement et de restructuration (EPFR) aurait demandé à l'Etat 7 milliards de francs pour équilibrer ses comptes.

16 août 1996 : Jacques Toubon transmet au parquet général de la cour d'appel de Paris les éléments que lui avait fournis Jean Arthuis, c'est-à-dire, pour l'essentiel, un rapport de la Cour des comptes sur la gestion d'Altus Finance, filiale de la banque publique, suite à la demande de son collègue de l'Economie et des Finances sur une possible mise en cause judiciaire des anciens dirigeants du Crédit Lyonnais.

Septembre 1996 : Karel Van Miert, commissaire européen à la Concurrence, attend le plan de sauvetage — le troisième — que Bercy doit lui soumettre.

Le Crédit Lyonnais, qui n'a pas réussi à ramener les compteurs à zéro, demande encore une aide d'urgence de 3,9 milliards. La Commission de Bruxelles en profite pour rappeler que le Crédit Lyonnais et Bercy n'ont pas respecté leurs engagements. Bercy envoie ses rapports de suivi semestriels avec retard. La Commission soupçonne, en outre, que des aides d'Etat se cachent sous le rachat de la SDBO par le Crédit Lyonnais au CDR, car il n'y a pas eu d'appel d'offres. Recapitalisée par le CDR avant d'être vendue, estimée 173 millions, la SDBO n'a été payée que 50 millions par le Crédit Lyonnais.

26 septembre 1996 : Le gouvernement annonce officiellement la cession du Crédit Lyonnais. L'Etat débloque une aide d'urgence de 3,9 milliards de francs au profit de la banque publique.

4 octobre 1996 : Giancarlo Parretti est reconnu coupable par un grand jury du Delaware d'avoir falsifié un document clé lors du procès de 1991 contre le Lyonnais. Parretti risque une peine de 10 ans de prison.

5 octobre 1996 : Le Crédit Lyonnais affiche un bénéfice net consolidé part du groupe de 67 millions de francs sur les six premiers mois de l'année 1996, contre 36 millions au premier semestre 1995. Pour la première fois depuis fin 1993, les quatre centres de profit (marchés, France, Europe et reste du monde, c'est-à-dire Amériques, Europe centrale, Asie) affichent des résultats positifs et le produit net bancaire (le chiffre d'affaires de l'établissement) augmente (+ 3,9%). Mais ce redressement ne sera pas suffisant pour rendre la banque privatisable rapidement comme le souhaitent les pouvoirs publics. Après les plans de 1994 et 1995, respectivement insuffisant et inapplicable, les dirigeants du Crédit Lyonnais soumettent au gouvernement un nouveau plan qui permettrait cette fois d'engager la mise en vente dès 1998. Il devra s'appuyer sur un redressement de la rentabilité sur le marché français, une amélioration du ratio de solvabilité (fonds propres sur endettement) et une réduction de la taille de la banque, notamment à l'étranger.

30 novembre 1996 : Le CDR cède 1 milliard de francs de créances du Crédit Lyonnais. Les créances représentent à ce jour 60 milliards de francs sur les 158 milliards d'actifs du CDR.

3 décembre 1996 : Ouverture d'une information judiciaire contre X, portant sur d'éventuelles falsifications de bilan commises par les anciens dirigeants de 1990 à 1993.

4 décembre 1996 : Pierre Despessailles, ancien directeur général de la Société de banque occidentale, ex-filiale du Crédit Lyonnais, est mis en examen, pour « abus de biens sociaux », par le juge d'instruction parisien Eva Joly. Il est soupçonné de s'être enrichi de près de 10 millions de francs à l'occasion du rachat, en 1991, par la société immobilière Immopar, d'une société de marchands de biens contrôlée à 30 % par la SDBO. L'opération se serait soldée par des pertes de 180 millions de francs pour le Crédit Lyonnais et la SDBO. Despessailles avait déjà été mis en examen dans l'affaire du yacht de Bernard Tapie, *Le Phocéa,* et pour « complicité de banqueroute » après la faillite des sociétés de Tapie.

18 décembre 1996 : François Lemasson, directeur général du CDR, annonce : le CDR aura vendu cette année 40 milliards de francs d'actifs hérités du Crédit Lyonnais sur 158 milliards dans ses comptes au 1er janvier, bénéficiant de la bonne santé des marchés financiers. Il avait cédé 25 milliards de francs en 1995.

Fin décembre 1996 : Le Crédit Lyonnais reçoit 1,6 milliard de francs d'indemnisation pour l'incendie de son siège intervenu le dimanche 5 mai 1996. La somme ne devrait pas avoir d'impact sur ses comptes. La banque dépréciera en effet d'autant la valeur de son siège à son bilan. Depuis l'incendie, 1 455 coffres sont toujours inaccessibles au premier sous-sol du siège. Sur 7 700 coffres, plus de 6 200 ont pu être vidés. Les autres devraient l'être, selon le Lyonnais, dans le courant du deuxième trimestre de 1997. Les dégâts estimés sur le contenu des coffres déjà ouverts ne dépassent pas 1,2 million de francs.

Fin décembre 1996-début janvier 1997 : Giancarlo Parretti quitte clandestinement les Etats-Unis où il attendait d'être extradé vers la France et rejoint l'Italie. Apparemment, Parretti n'a eu aucun mal à tromper la vigilance de la justice américaine, qui affirme qu'il a pu rejoindre son pays grâce à un autre passeport en sa possession. Les pays n'extradant pas leurs propres ressortissants, l'homme d'affaires paraît à l'abri.

Janvier 1997 : Jean Peyrelevade rencontre les commissaires européens un par un. Il explique à Karel Van Miert qu'il souhaite une recapitalisation de 9 milliards, plus 6 milliards de compensation de moins-values sur les cessions.

A la suite d'une démarche des avocats de Jean-François Hénin, la Cour des comptes corrige et atténue son rapport sur Altus.

2 février 1997 : L'ancien ministre de l'Economie Alain Madelin (UDF-PR) indique qu'il « aimerait bien savoir » où est passé l'argent de la plus-value réalisée par le Crédit Lyonnais lors de la vente d'Adidas. « Il y a toute une série de sociétés *offshore* qui captent la plus-value. J'aimerais bien être sûr de l'honnêteté du Lyonnais dans cette affaire », dit-il devant « Le Grand Jury RTL-Le Monde ».

7 février 1997 : Le CDR fait évaluer sa participation dans Artémis. La banque Goldman Sachs cherche un acquéreur pour cette participation de 25 % dans le holding personnel de François Pinault.

24 février 1997 : Le CDR annonce une perte de l'ordre de 15 milliards de francs au titre de l'exercice 1996. L'EPFR, l'établissement public qui assume le financement de cette structure et prend en charge ses pertes, recevra une dotation budgétaire de 7,7 milliards votée dans la loi de finances pour 1997.

13 mars 1997 : Les députés chiffrent à 130 millliards de francs le naufrage du Crédit Lyonnais. Le député Charles-Amédée de Courson (UDF, Marne), membre de l'instance de contrôle de l'EPFR, a décomposé son addition : 80 milliards pour les pertes sur actifs, 11 milliards au titre des garanties données par le Lyonnais, 5 milliards pour les frais de gestion, 32 à 33 milliards pour les coûts de portage d'ici 1999.

15 mars 1997 : « Les détournements avérés des cadres ou des dirigeants du Crédit Lyonnais peuvent être estimés à 5 milliards de francs », estime Charles de Courson.

19 mars 1997 : Auditionné par la commission des finances de l'Assemblée nationale, Michel Rouger, président du CDR, avance le chiffre de 100 milliards de pertes. Elles seraient générées par la liquidation de l'énorme portefeuille de 186 milliards de francs d'actifs et de créances venant du Lyonnais, où se trouvent, pêle-mêle, des participations majoritaires ou minoritaires, des créances et de l'immobilier sortis, en 1994, du bilan de la banque et qu'il a, depuis deux ans, pour mission de vendre.

21 mars 1997 : Michel Rouger s'inquiète des 12 milliards d'engagements du CDR sur le groupe Pinault Consortium de réalisation. « Est-ce raisonnable de garder un tel risque sur une personne physique ? », s'interroge le président du CDR. Outre une participation de 24,5 % dans le capital d'Artémis, holding de tête de Pinault-Printemps-Redoute, qui figure pour 2 milliards de francs dans les comptes du CDR, le consortium détient des obligations remboursables en actions émises par la Financière Pinault (un autre holding qui coiffe Artémis) pour un montant d'environ 1,5 milliard de francs. Au total, les engagements en capital du CDR s'élèvent donc en valeur nette comptable à 3,5 milliards de francs. Ce ne sont toutefois pas tant ces investissements qui inquiètent alors le CDR que la ligne de crédit de 8,5 milliards de francs à échéance 2002-2004 consentie à Artémis dès la fin 1992 pour lui permettre de racheter le portefeuille de *junk bonds* d'Altus Finance, et au passage permettre au Crédit Lyonnais d'afficher dans ses comptes une solide plus-value.

23 avril 1997 : Le plan de sauvetage du Crédit Lyonnais à nouveau dans l'impasse. Le ministre de l'Economie ne veut plus entendre parler d'une recapitalisation de la banque publique jugée indispensable au Crédit Lyonnais pour permettre un passage rapide au privé. Les dirigeants du Crédit Lyonnais et le ministère de l'Economie se trouvent engagés, une nouvelle fois, comme en 1994 et 1995, dans une partie de bras de fer sur les conditions du plan de sauvetage de la banque publique. Seule différence avec les épisodes précédents, il s'agit cette fois de l'ultime effort des pouvoirs publics avant la privatisation de la banque. Les deux parties sont pour l'instant loin d'être parvenues à un accord alors que la Commission européenne s'impatiente. Le dossier accuse déjà plus d'un mois de retard sur le calendrier initial du plan du gouvernement français.

Le temps presse dans la mesure où la Commission veut s'accorder au moins quatre mois de réflexion avant de prendre sa décision et que, pour arrêter ses comptes au premier semestre, la banque publique a besoin, au plus tard en septembre, de l'aval de Bruxelles au plan de sauvetage.

Karel Van Miert, le commissaire européen à la Concurrence, est tellement irrité qu'il a envoyé une lettre au gouvernement français précisant les réductions de périmètre du Lyonnais jugées indispensables pour accepter le plan.

24 avril 1997 : Le Crédit Lyonnais met en vente sa participation de 56,8 % dans le Credito Bergamasco, sa filiale italienne, avec l'appui de la banque d'affaires américaine Merrill Lynch.

30 avril 1997 : Ouverture d'une information judiciaire sur l'incendie du siège central du Crédit Lyonnais. L'hypothèse d'un incendie criminel n'est pas exclue.

29 mai 1997 : Jean-Maxime Lévêque, âgé de soixante-treize ans, est mis en examen et écroué à la maison d'arrêt de la Santé à Paris. Il est le premier des dirigeants importants de la banque publique, ou d'une de ses filiales, à être inquiété par la justice. Il doit répondre des accusations de « complicité d'abus de confiance, recel, complicité de présentation de comptes inexacts [pour IB.SA], présentation de comptes inexacts pour sa maison mère, et complicité de distribution de dividendes fictifs ». L'ancien directeur général d'IB.SA, Raymond Mantelet, est également mis en garde à vue.

2 juin 1997 : Pour éviter de devoir céder sa participation dans le holding de François Pinault, à un « prix d'ami », le CDR demande à l'Etablissement public de financement et de réalisation (EPFR), propriété directe de l'Etat, qui contrôle le CDR, d'acheter les 25 % d'Artémis pour 3,7 milliards de francs. Le CDR, chargé de liquider les actifs sortis du bilan du Crédit Lyonnais, s'était en effet engagé, courant 1996, à céder à François Pinault sa participation dans Artémis si la banque américaine Goldman Sachs ne trouvait pas acquéreur avant le vendredi 30 mai. Cette promesse de vente devait se faire au prix de 1,5 milliard de francs et était assortie d'une clause de retour à meilleure fortune, alors que l'actif net des 25 % d'Artémis est supérieur à 6 milliards de francs.

9 juin 1997 : Le tribunal de Los Angeles condamne Giancarlo Parretti, à payer au CDR 1,476 milliard de dollars (environ 8,5 milliards de francs) de dommages et intérêts « pour fraude dans l'acquisition [de la MGM] et pour le pillage du studio ».

23 juin 1997 : Le tribunal de commerce de Paris prononce la mise sous séquestre de 24,59 % du capital du holding familial du groupe Pinault, cédé, fin mai, par le CDR à son organisme de tutelle, l'EPFR.

19 août 1997 : Incendie d'un dépôt d'une société d'archivage qui conserve une partie des dossiers du Consortium de réalisation chargé de liquider les actifs douteux du Lyonnais. Parmi les pièces détruites, des documents concernant IB.SA réclamés par le juge Joly.

26 septembre 1997 : Libération de Jean-Maxime Lévêque.

29 septembre 1997 : Pierre Despessailles, ancien directeur général de la SDBO, est écroué à Grasse (Alpes-Maritimes), après avoir été mis en examen pour abus de confiance par le juge Jean-Pierre Murciano. La justice lui reproche notamment d'avoir perçu une commission de 3,6 millions de francs sur une transaction immobilière à Cannes ayant dégagé une plus-value de 121 millions financée par des prêts de la SDBO.

8 octobre 1997 : La justice estime qu'elle n'a pas les moyens d'enquêter sur les affaires du Crédit Lyonnais. Dans une lettre adressée au garde des Sceaux, le procureur de Paris, Gabriel Bestard, et le président du tribunal de Paris, Jean-Marie Coulon, estiment que la justice a du mal, faute de moyens, à traiter les gros dossiers économiques et financiers, notamment celui du Crédit Lyonnais. Il mobilise à lui seul douze juges d'instruction et fait l'objet de soixante-dix informations judiciaires sur l'ensemble du territoire. Cinq magistrats instructeurs sont saisis à Paris et des procédures sont en cours à Toulouse, Grasse, Versailles, Evry, Toulon, Tours et Besançon.

22 octobre 1997 : Mise en examen à sa demande et interrogatoire de François Gille dans le cadre de l'affaire IB.SA. L'ancien directeur général du Crédit Lyonnais est soupçonné d'avoir participé à la fabrication de faux bilans afin de dissimuler la situation catastrophique d'IB.SA.

12 novembre 1997 : Les juges d'instruction Eva Joly et Jean-

Pierre Zanoto perquisitionnent au siège du Crédit Lyonnais. Les deux magistrats ont la charge de plusieurs informations judiciaires concernant d'anciennes filiales de la banque publique, telles qu'IB.SA, Altus et la SDBO.

15 décembre 1997 : L'ancien directeur général d'Altus, Jean-François Hénin, est mis en examen pour « complicité de banqueroute par moyen ruineux » par le juge d'instruction toulousain Laurent Nion, dans l'affaire du rachat, en 1992, par la société Marland, du groupe Escoulan, numéro un de la distribution de gros dans la région du Sud-Ouest.

2 février 1998 : Michel Rouger cède sa place de président du CDR à Raymond Lévy (soixante-dix ans), l'ancien président de Renault.

11 mars 1998 : Jean-Yves Haberer est mis en examen par le juge d'instruction toulousain Laurent Nion pour « complicité de banqueroute par moyen ruineux » dans le cadre du rachat d'Escoulan par le groupe Marland.

20 mars 1998 : Avec plus d'un milliard de francs de bénéfices, le Crédit Lyonnais renoue avec la rentabilité. Le commissaire européen à la Concurrence rappelle que le résultat de la banque comprend une aide d'Etat de 3 milliards de francs que Bruxelles n'a pas encore approuvée.

14 mai 1998 : L'accord entre Paris et Bruxelles sur le dernier plan de sauvetage du Crédit Lyonnais est finalisé. Il prévoit la cession de 620 milliards de francs d'actifs, auxquels s'ajoutent l'équivalent de 35 milliards de francs d'actifs correspondant à la cession ou à la fermeture d'agences en France. 80 % de ces actifs doivent être européens. La Commission a également exigé des clauses de bridage du développement du Crédit Lyonnais. Entre 1999 et 2003, la clause de retour à meilleure fortune, qui permet à l'Etat de récupérer une partie des bénéfices dégagés par le Lyonnais, sera alourdie. Par ailleurs, la banque ne pourra accroître son bilan de plus de 3,2 % par an jusqu'en 2003, ce « qui correspond au business-plan élaboré en 1995 », précise-t-on à Paris. Elle ne pourra pas voir son ratio de solvabilité baisser entre 2004 et 2014. L'Etat s'engage à garder moins de 10 % du capital.

19 mai 1998 : Le juge Jean-Pierre Zanoto perquisitionne à la direction du Trésor du ministère de l'Economie et des Finances dans le cadre de l'enquête sur les bilans du Crédit Lyonnais.

2 juillet 1998 : François Pinault rachète à l'Etat, pour 4,1 milliards de francs, les actions Artémis placées sous séquestre par le tribunal de commerce de Paris. L'Etat touchera ce montant en quatre fois : un versement de 2 milliards en 1998 suivi de trois versements de 700 millions de 2001 à 2002, voire d'un complément de prix si Artémis venait à céder sa participation dans Pinault-Printemps-Redoute dans les six mois qui suivent.

23 septembre 1998 : Jean-Yves Haberer, président du Crédit Lyonnais de 1988 à 1993, est mis en examen sous contrôle judiciaire par le juge d'instruction parisien Jean-Pierre Zanoto pour présentation de comptes inexacts, diffusion de fausses informations aux marchés et abus de biens sociaux. Ces charges portent sur les comptes consolidés de la banque au cours des exercices 1991, 1992 et 1993 et sur les conditions du rachat en 1990 de 25 % du capital IB.SA. François Gille, directeur général de l'établissement entre 1992 et 1994, est placé en garde à vue pendant vingt-quatre heures.

29 octobre 1998 : Le gouvernement annonce les modalités de la privatisation du Crédit Lyonnais, qui devrait intervenir, « si les conditions de marché le permettent », au premier semestre de 1999. La mise sur le marché de la banque publique sera précédée de la constitution d'un noyau d'« actionnaires partenaires ». Une augmentation de capital de 8 milliards de francs, souscrite par les « actionnaires partenaires », permettra de « renforcer la solidité financière de la banque ». Les liens entre le Crédit Lyonnais et le CDR seront définitivement coupés et la clause de retour à meilleure fortune sera apurée.

(Sources : *Le Monde, Le Canard Enchaîné, La Tribune, Les Echos,* Auditions de la commission parlementaire d'enquête, entretiens avec les auteurs.)

Table

OUVRAGES DE FABRIZIO CALVI

Italie 77, Le Seuil, 1977.

Camarade P. 38, Grasset, 1982.

La Vie quotidienne de la Mafia de 1950 à nos jours, Hachette, 1986.

Intelligences secrètes, les annales de l'espionnage (avec Olivier Schmidt), Hachette, 1990.

RG, 20 ans de police politique (avec Jacques Harstrich), Calmann-Lévy, 1991.

L'Europe des parrains, Grasset, 1993.

Les Nouveaux Réseaux de la corruption, Albin Michel, 1994.

L'Œil de Washington (avec Thierry Pfister), Albin Michel, 1997.

Piazza Fontana (avec Frédéric Laurent), Mondadori, 1997.

Cet ouvrage a été composé par
I.G.S. – Charente Photogravure
à L'Isle-d'Espagnac.
Reproduit et achevé d'imprimer sur Roto-Page
par l'Imprimerie Floch à Mayenne,
pour les Éditions Albin Michel
en mai 1999.

N° d'édition : 18228. N° d'impression : 46187.
Dépôt légal : juin 1999.
Imprimé en France.